Klaus Huhn

Rote Socken?

Rote Hände?

Rote Wahrheit

Wanderungen durch Neufünfland

ISBN 3 - 933544 - 02 - 5
© 1998 by SPOTLESS-Verlag
alle Rechte vorbehalten
Druck und Weiterverarbeitung:
Roland Piatkowski GmbH

Der Zug fährt durchs Land. Ich blättere und lese: „Wo immer in diesen Tagen gerechnet wird: Stets sind die gewendeten Einheitssozialisten ein entscheidender Faktor. Und seit die PDS in Sachsen-Anhalt für die rot-grüne Minderheitsregierung des Sozialdemokraten Reinhard Höppner Zünglein an der Waage spielen kann, prägt sie, überlebensgroß, die Wahlstrategien der etablierten Parteien. Geht es nach der Propaganda der Konservativen, erhebt der Kommunismus in Deutschland schon wieder sein böses Haupt. Wie gehabt ist den Sozialdemokraten die Rolle des Steigbügelhalters zugedacht. Sachsen-Anhalt, so das von der Koalition gemalte Gruselbild, sei nur die Probe für Bonn. Immer maßloser und auch skurriler wird die Kampagne. Zum 'größten politischen Skandal in der Geschichte der Bundesrepublik' erhob Christdemokrat Erwin Teufel, Chef der Stuttgarter Koalition, die Magdeburger Regierungsbildung..."

Teufel soll das gesagt haben?

Es ist im Grunde gleichgültig. Der Zug fährt durchs Land, ich lege eine Pause ein, erhole mich mit Blicken in die Landschaft. Wälder und Felder, dösende Kühe, ein einsamer Traktorfahrer, Leben in Breitwand und Farbe.

Teufel soll das gesagt haben? Ich blättere mich durch den Stoß Zeitungen. Da finde ich das Zitat: „Der CSU-Generalsekretär Bernd Protzner nannte die Wahl Höppners zum Ministerpräsidenten von Sachsen-Anhalt die 'schmutzigste in einem deutschen Parlament seit 1933.'"

Irritiert vergleiche ich die Daten. Teufel hatte der „Spiegel" am 1. August 1994 zitiert, Protzner stammte aus einer Zeitung vom 28. Mai 1998.

Die Sache begann mir Spaß zu machen. Ich vergaß wieder Wälder und Felder und sortierte

Daten in Zeitungsköpfen, geriet erneut in den August 1994. „Die wüste Polemik gegen die PDS und die Magdeburger Verhältnisse, wie die CDU sie sieht, hat ihre Tücken. Seine hauchdünne christliberale Mehrheit im Schweriner Landtag stützt sich ausgerechnet auf den schlimmsten Blockflötisten Hermann Kühne, der Jahrzehnte in der DDR-Volkskammer saß und Mauer und Schießbefehl verteidigt hatte." Aber dann der Satz: „So will die CDU in Mecklenburg-Vorpommern das SED-Symbol plakatieren: den Händedruck zwischen Otto Grotewohl und Wilhelm Pieck bei der Zwangsvereinigung der SPD mit der KPD 1946, versehen mit einem großen 'Nein'!"

Der „Spiegel" hatte damals schon das berühmte Pieck-Grotewohl-Bild gedruckt, deren vereinigte Hände vier Jahre später von Pastor Hintze in Großformat reanimiert wurden. Schwer zu fassen. Nimmt in vier Jahren Vernunft, Erkenntnis nicht zu?

Ich wandte mich wieder zur Landschaft hinter den Scheiben. Aber diese sture Wiederholung ließ mir keine Ruhe. Hintze, immer freundlich, aber fest verriegelt. Man wäre geneigt, „Einen fröhlichen Tag, Herr Pfarrer" zu sagen, wenn er einem auf der Straße begegnete.

Schon 1994 war dem „Spiegel" die Frage aufgekommen: „Beeindruckt das hohle Pathos, mit dem Hintze seine Linksfront-Kampagne verteidigt? 'Vor der deutschen Geschichte', dröhnte der gelernte Pastor, wolle sich die Union 'nicht den Vorwurf machen lassen, wir hätten seelenruhig zugeschaut, wie eine linksradikale Partei' sich in Deutschland 'ausbreitet... Hintze müsse seinen 'Laden endlich zusammenhalten', kanzelt Fraktionschef Schäuble den Kanzlerhelfer ab. Der habe sein Haus nicht im Griff... Helmut Kohl hatte sich im Frühjahr 1992 den jungenhaften, stillen Parlamentarischen Staatssekretär aus Angela Merkels Ministerium für Frauen und Jugend ins Adenauer-Haus geholt. Bei Merkel war er ein wohlgelittener Mitarbeiter, der sich um die Rechte ausländischer Frauen wie um die Probleme sexuell mißbrauchter Kinder kümmerte. Der richtige Mann für Kohl: Von starken und eigenwilligen Managern, die ihm den Platz an der Parteispitze streitig machen wollten, hatte der Kanzler genug.

Nach Rühes Wechsel ins Verteidigungsressort verschrieb sich Pfarrer Hintze ganz der neuen Aufgabe, nicht ohne Ansprüche: 'Mein Motto heißt: denken statt beißen.'"

Da Hintzes Denken offensichtlich nicht zureichte, wurden im Bundespresseamt damals Voraussetzungen geschaffen, um die Massenpresse mit Wahlstoff zu versorgen. Der „Spiegel" sah das so: „Für die Versorgung der Info-Elite bei Bunte, Bild, Gong und Super-Illu hat Kanzler Kohl seit einigen Jahren den Doyen der PR-Branche... im Sold. Er soll in diesem Jahr 336.000 Mark erhalten, um Kohl-müde Ostwähler für die Regierungspolitik zu begeistern 'und den Prozeß der Vereinigung zu begleiten'.

Als Vorzeigestück gilt unter den Beamten ein Artikel in der... Illustrierten Bunte: Aufschwung Ost: 'Da ist er', jubelte das Blatt. 'Die Schwarzmaler haben sich doch geirrt.'"

Das hatte „Bunte" also einmal mehr im März 1994 verkündet. Ich häufele die Magazine und Zeitschriften. 1998 wird just das gleiche gemeldet. Zum Beispiel: „Berliner Morgenpost" (10.6.): „Der Aufschwung ist da!" Erinnert sich niemand, wie oft das Hurra-wir-sehen-das-Licht-am-Ende-des-Tunnels-Lied schon gesungen wurde? Und immer wieder: Jetzt stehen wir an der Schwelle der blühenden Länder. Wer sich auf die Zehenspitzen hebt, müßte sie schon sehen können.

Drei Rehe recken die Köpfe aus grünen Halmen. Sie schenken dem Zug nur einen flüchtigen Blick.

Der Schaffner kommt. Ich blinzele und fahre mir über die Augen. Hintze hier als Schaffner? Ich höre ihn reden: „Unsere erste Aufgabe ist es, den Nebel zu lichten, den die Linke über das Land zu bringen versucht. Wir werden den Nebel wegblasen." Und ich höre ihn die Schlagzeile zitieren: „Die Schwarzmaler haben sich geirrt!"

So redet kein Schaffner. Ich war eingenickt. Der echte Schaffner spricht hartes Küstendeutsch, kennt Anschlüsse und Gleise aus dem Kopf, antwortet konkret auf Fragen und behauptet nicht, daß der Zug, in dem wir fahren, ein Flugzeug sei, oder fast ein Flugzeug, oder so gut wie ein Flugzeug und von der CDU in eine lichte Zukunft gesteuert wird. Und er warnt auch nicht - wie Regierungsplapperer Hauser -: „Wer PDS wählt, wird abgestraft!"

„Wir werden den Nebel wegblasen!" hatte der Pfarrer von der Kanzel des CDU-Parteitages getönt. Was soll da zum Vorschein kommen?

Ich entschließe ich, ihm ein wenig zur Hand zu gehen. Den Fahrplan her. Der Schaffner gibt mir Tips, wie ich am schnellsten durch die blühenden Länder komme.

Erich Kästner prophezeite 1932 in seinem Gedicht „Kennst du das Land, wo die Kanonen blühn?": „Das Maultier sucht im Nebel seinen Weg."

WIE HERINGSDORF GEGEN ARBEITSLOSIGKEIT KÄMPFT

Der Arrangeur der festlichen Stunde - mit Sekt begrüßter Augenblick des „Aufschwungs" - verhehlt auch im Nachhinein nicht, daß er sich für Sekunden mit einer mehr als verzwickten Frage konfrontiert sah: Sollte er die Rentnerinnen mit leisen, aber doch harschen Worten aus dem Saal weisen, oder sie unauffällig hinter der Schar der Ehrengäste einordnen, darauf hoffend, daß sie da niemandem störend ins Auge fallen? Keiner konnte sagen, wie es den Rentnerinnen gelungen sein konnte, in den abgesperrten Saal zu gelangen. Dabei war die Antwort simpel: Über eine Hintertreppe. Zugegeben: In der Ära der DDR hätte es bei einem solchen Festakt keine unbewachte Hintertreppe gegeben.

Heute wird zwar fast jede Demonstration von einer schwer bewaffneten Mini-Armee der Polizei „begleitet", aber bei Ereignissen, bei denen in der Regel keine Demonstranten zu erwarten sind, verliert man schon mal eine Hintertreppe aus den Augen, denn auch die Kontrolle ist privatisiert.

Die übersehene Hintertreppe steht in Heringsdorf auf Usedom, und der erwähnte Augenblick gehörte zu dem Tag, an dem dort ein Spielkasino eröffnet wurde. Die beiden Rentnerinnen - so Insider - gehörten zu einer Bus-Reisegruppe aus dem Sächsischen, hatten von einem schwatzhaften Frühstückskellner von der Zeremonie erfahren und sich auf den Weg gemacht. Ob ihr Motiv die Absicht war, den bei dieser Gelegenheit zu bejubelnden Aufschwung Ost mitfeiern zu wollen, oder nur pure Neugier, konnte nicht ermittelt werden. Der Saal-Aufseher hatte sie mit scharfem Auge sogleich als nicht geladene Gäste identifiziert, sich dann aber entschlossen, sie nicht zu verweisen, auch weil er fürchtete, sie könnten - Rentner sind da bekanntlich unberechenbar - lauthals mit Worten wie „Is ja wie früher!" protestieren, und das wäre wohl das Fatalste, was solchem Augenblick widerfahren könnte - ein Hinweis auf „früher". Also plazierte man die Ungeladenen inmitten der festlich gestimmten Ehrengäste, die gekommen waren, eine Parzelle in den blühenden Ländern zu weihen. Große Reden wurden gehalten. Eine vom rüden Arbeiter- und Bauern-Staat unterbrochene Tradition werde hier fortgesetzt, erfuhr man. Begründet vor über 100 Jahren im „Kaiserbad" Heringsdorf. Einfügen muß der durchs - nach Hintze von der Volksfront bedrohte - Land Reisende, daß aus schwer begreiflichen Gründen ein Kulturhaus aus DDR-Zeiten unter Denkmalschutz gestellt ward und deshalb nicht abgerissen werden konnte. Nun dient es, die Tradition variierend, als Spielkasino und bietet, was selbst Monte Carlo nicht zu offerieren hat, die Wandlung vom Kaiserbad über das FDGB-Kulturhaus zum Kasino. Natürlich wurde die Inneneinrichtung auf Weststandard gebracht, denn es ist keinem Glücksjäger zuzumuten, seine in Jetons umgewechselten blauen oder rotbraunen Geldscheine zwischen grauem DDR-Mobiliar zu verlieren. Zum finanziellen Schaden käme der psychische.

„Wir haben uns seit 1991 um das Kasino bemüht, um unseren Gästen etwas Besonderes bieten zu können", predigte der Heringsdorfer Bürgermeister. Nun sei es endlich geschafft und Heringsdorf auf Usedom kann aufatmen und ist sich eines schillernden Platzes in den blühenden Ländern sicher. Daß der Bürgermeister im gleichen Atemzug versicherte, für das Kulturhaus hätte es keine bessere Nutzung geben können, war eine eher doppeldeutige Aussage. Meinte er damit, daß jetzt die ums Geld kreisende Roulettekugel die Hauptrolle in der Neufünfland-Kultur übernommen hat? Eilig fügte er jedoch hinzu, daß der Ort von jeder vom Kasino gewonnenen Mark neun Pfennige erhalte, die man für Sinfoniekonzerte, Musicals und „Gala-Abende" anlegen werde. Daß die meisten Einwohner von Heringsdorf nicht sonderlich darauf versessen waren, die Kaisertradition fortzusetzen, hielt er nicht für erwähnenswert. Viele befürchten nämlich, daß man mit bislang nicht bekanntem Publikum wird leben müssen: Glücksritter von allerorten. Die Urlauber, die bislang kamen, um sich zu erholen - zu DDR-Zeiten natürlich auf Kommando, eingesperrt in Schlafnischen und pausenlos durch den Strandfunk politisch geschult - könnten nun wegbleiben, weil diejenigen, die dem finanziellen Glück hinterherjagen und Sonne, Strand und Ostsee nur benützen, um zur nötigen Nachtkondition zu gelangen, die Atmosphäre radikal verändern würden.

Ich hörte mich übrigens mal um, wer denn eigentlich das Kasino betreibt, und machte eine interessante Feststellung. Mehrheitseigener in der Spielbanken GmbH ist die Stiftung Deutsche Sporthilfe. Das ist das freundliche Unternehmen, das das Geld sammelt, mit dem dann „Botschafter im Trainingsanzug" (Zitat: Kohl) Ruhm, Ehre und Medaillen für Deutschland sammeln. Einst hatte ein reitender Versandhauschef die Stiftung gegründet, um die Industriebosse zu bewegen, Geld für dieses Ziel zu spenden. Inzwischen fließen kaum noch Spenden, weil den Herren anonyme Werbung fürs Vaterland nicht sonderlich sinnvoll erscheint und sie lieber Kicker mit ihrem Firmennamen auf der Brust vor Fernsehkameras herumtollen sehen. Also suchte die Stiftung eine Idee, wie sie auf andere

Weise zu Geld kommen kann - und fand eine in Heringsdorf, an der Küste des Landes Mecklenburg-Vorpommern, in dem die Arbeitslosigkeit auf die 25-Prozent-Marke zusteuert. Natürlich erwartet niemand, daß die Arbeitslosen sich - wie die beiden Rentnerinnen - über die Hintertreppe ins Kasino schleichen und dort ihre „Stütze" verdreifachen, sondern man setzt eher darauf, daß sich der neue Geldadel - und der „heimgekehrte" alte Fürstenadel - in Heringsdorf verlustieren und so auf Umwegen für die Olympiamannschaft löhnt. Das wiederum führt unweigerlich zu der Aufforderung: Auf ins Heringsdorfer Kasino, damit Deutschland Sportnation bleibt. Als Wink mit dem Zaunpfahl hatte man eine Dame eingeladen, die die erste Roulettekugel warf: Astrid Kumbernuß, Olympiasiegerin im Kugelstoßen.

Und um nicht unter die „Schwarzmaler" zu geraten: Dana Neumann, 20 Jahre, ausgebildete Groß- und Außenhandelskauffrau und ohne jede Chance, in dieser Branche Arbeit zu bekommen, wurde zum Croupier umgeschult und hat nun einen - wie sie hofft - krisensicheren Job. Um die 20 neue Arbeitsplätze bietet das Kasino, und so ist es auch zu erklären, daß unter den geladenen Gästen der ranghöchste ein Mann aus Bonn war, der auf Regierungskosten per Flugzeug nach Berlin gereist und von dort nach Heringsdorf chauffiert worden war: Rudi Geil, Ostbeauftragter der Bundesregierung. Der Mann gehört natürlich der Kohl-Partei an und konnte im Kanzleramt melden, daß man in Heringsdorf nicht nur sein Geld verspielen kann, sondern dort auch damit begonnen wurde, die Zahl der Arbeitslosen zu halbieren! Jawohl, und das in einem Land, in dem die PDS - so hofft man - in Zukunft keinen Einfluß auf die Politik der Regierung nehmen kann!

ENDE NACH ÜBER 200 JAHREN

Eine Flasche Korn - 48 „Umdrehungen" liest der Fachmann auf dem Etikett - zerschellte an frisch verschweißtem Stahl, die hochprozentige Flüssigkeit rann in die hier graue Elbe und mehrte so die Fälle von Umweltbarbarei. Wo? Natürlich in einem der blühenden Länder. Boizenburg war der Schauplatz des Geschehens.

Der Schiffsrumpf neigte sich - wie zuvor berechnet - zur Seite und schaukelte dann sicher auf den Wellen. Es war dies nicht irgendeine Schiffstaufe, wie sie allerorts, wo Werften stehen, auf der Tagesordnung stehen, nein, es war eine denkwürdige, weil die vorerst letzte und wahrscheinlich sogar die allerletzte überhaupt auf dieser Werft, auf der 1793 zum ersten Mal ein hölzerner Kahn zu Wasser gelassen worden war.

Die Schiffbauerfamilie Klemm hatte damals an jenem Uferflecken ihre Werft errichtet und dort lange ein blühendes Unternehmen betrieben. Zur Geschichte der Werft gehört auch der große Augenblick, da 1889 hier das erste Motorboot in See stach. Das Foto kann man noch besichtigen: Im Hintergrund eine Rampe, im Vordergrund das kleine Stahlrumpfboot mit dem die Bordwände überragenden Motor. Im Vorschiff zwei Damen mit attraktiven Riesenhüten, hinter ihnen ein stattlicher Herr mit Glocke, in dem man den Besitzer vermuten könnte, in seinem Rücken der „Maschinist" und im Heck ein Fahrensmann, der das Schifflein steuerte, zur Feier des Tages ebenfalls mit Festtagshut.

Ein gutes halbes Jahrhundert später wurde die Werft volkseigen. Wenn der Tag gekommen ist, an dem man darüber schreiben darf, wieviel Betriebe von aus allen Gegenden zusammenströmenden Jugendlichen zu DDR-Zeiten aufgebaut oder aus-

11

gebaut wurden, wird man auch den Namen Boizenburg in der Liste finden, aber derzeit ist es bekanntlich nicht „in", derlei in den Medien zu erwähnen. Jedenfalls - und das kann niemand leugnen - erlebte die Werft in jenen Jahren ihre größte Zeit. 1800 Schiffsbauer schweißten, schraubten, montierten, sprühten Farbe auf den Stahl und legten Schiff um Schiff auf Kiel. Manchmal fehlte es an den nötigen Zulieferteilen, und man saß herum, manchmal wurde über endlose Reden übereifriger Funktionäre gemault, aber bei allem Ärger hatte jeder vor allem seine Arbeit im Sinn. Man hatte auch viele gute Ideen. So kam man darauf, eine in Deutschland bis dahin noch nie praktizierte Technologie einzuführen, die es gestattete, auf dem engen Gelände auch größere Schiffe zu bauen. Die Schiffe glitten zur Seite ins Wasser, und weil sie mit den Aufbauten nie unter den niedrigen Elbbrücken hindurchgekommen wären, steuerten sie nach Wismar, wo man die Aufbauten montierte. Wie man daran erkennen kann, fand man durchaus pfiffige Auswege in der ansonsten natürlich maroden DDR.

Frosttrawler, Küstenmotor- und Containerschiffe entstanden in großer Zahl, und eines Tages im Jahre 1974 begann man schwimmende Hotels zu bauen, von denen heute noch unzählige auf vielen russischen Strömen zu bewundern sind und von der Qualität der Boizenburger Arbeit zeugen. Als nach der Rückwende das Begrüßungsgeld ausgezahlt und am Brandenburger Tor gefeiert wurde, lagen noch zwei der schwimmenden Riesen am Kai. Der Sowjetunion war das Geld ausgegangen, und so mußte man nach einem neuen Käufer suchen. Ein smarter Yankee kaufte sie zu den „Sonderangebots"-Treuhandpreisen, und heute logieren Chinesen in den Kabinen, und man darf zu recht vermuten, daß das ein verdammt gutes Geschäft für den Yankee war. Man nennt derlei unter Hausfrauen „Schnäppchen". Die Treuhand verhökerte anschließend die Werft und präsentierte den Deal noch als eines ihrer glanzvollen Geschäfte. Daß nur 800 der einst 1800 Schiffbauer übrig blieben, gehörte zu den Treuhandgewohnheiten und wurde gern damit "begründet", daß es eben vorher viel zu viel gewesen waren. Die Bremerhavener Petram-Gruppe versprach das Blaue vom Himmel, aber schon nach vier Jahren schlug ein Konkursverwalter seine Zelte im Boizenburg auf. Zum ersten Mal in der zweihundertjährigen Geschichte der Werft.

Im Mai 1997 wurde - so die offizielle Lesart - die „Gesamtvollstreckung" vollzogen, wobei dem eingeborenen Neufünfländer nicht ganz klar wurde, was denn da nun eigentlich zu „vollstrecken" war. Das Todesurteil? Als Gnadenerweis blieben 300 Schiffbauer, und seitdem bastelt man an einer zweiten Privatisierung.

Würde man die Geschichte der Werft in nüchternen Zahlen darstellen wollen, käme man auf 379 Boote und Schiffe, die in den 152 Jahren der Klemm-Werft bis 1945 entstanden. In den folgenden 52 Jahren glitten 256 in die Elbe. An jenem Tag vor Weihnachten, als man die Flasche Korn gegen den Rumpf schleuderte, wurde das - offiziell - „vorerst letzte" von dem kleinen Häuflein Werftarbeiter verabschiedet. Die hatten übrigens im August 1997 die Werft vorübergehend besetzt, um ihren Forderungen nach einer zweiten Privatisierung Nachdruck zu verleihen. Die Aktion wurde in einigen Medien mit Notizen registriert und blieb ohne zählbaren Erfolg.

Das ist wohl das bittere Ende der Geschichte einer früher blühenden Werft in den heute blühenden Ländern. Eine Geschichte ohne „happy end".

ENDLICH NICHT MEHR NACKT!

Einmal an der Küste, wäre noch ein anderes nicht nur den Pfarrer Hintze bewegendes Volksfront-Thema zu klären: Wie nackt dürfen Frauen und wie nackt Männer sein? Nein, nicht Pornographie ist gemeint, nicht die Nackten im violetten oder gar roten Licht, sondern um die in der Natur Tollenden.

In der unseligen DDR hatte man sich an jedem Badestrand ausziehen, ins Wasser gehen und anschließend nackt in die Sonne legen dürfen. Für ungläubige Leser: Die Frauen zogen sich nicht wie Stripperinen aus, sondern so natürlich, als würden sie zu Hause unter die Dusche steigen. Als das im sittenlosen Arbeiter- und Bauernstaat in Mode kam, hatte man die Strände der Nackten noch abgetrennt, dann zumindest von den anderen getrennt, aber als die DDR unterging, waren die Grenzen zwischen den Freikörperkultur-(FKK-) Stränden und denen, an denen man bekleidet blieb, völlig unscharf. Ja, ich höre schon ein in solchen Fällen sofort präsentes Argument: Die Stasi steckte dahinter. Sie forderte, daß sich alle bis auf die Haut auszogen, um sie noch leichter beobachten zu können. Da Gauck aber zu diesem Thema noch keine Akten und keine Nacktfotos präsentiert hat, müssen wir dieses brisante Thema vorerst beiseitelassen. Es bleibt die Frage: Und warum zogen sich so viele in der DDR aus? Die Antwort grenzt an Einfalt: Sie hielten es für gesund, den ganzen Körper Licht, Luft und Sonne auszusetzen. Obendrein hatten sie nichts anzuziehen und waren glücklich, wenn sie die Säcke, in denen sie sich herumschleppten, wenigstens am Strand ausziehen konnten.

Und nun haben sie in dieser Hinsicht ihre Probleme, denn die Plätze, an denen man sich noch nackt tummeln darf, sind rar geworden, rarer, als die Indianerreservate in den USA. Ein weit verbreitetes Boulevardblatt nutzte die Gelegenheit, in diesen Reservaten kostengünstig derlei Nackedeis abzulichten, mußte aber im Begleittext den Vizepräsidenten des Deutschen Verbandes für Freikörperkultur, Wolfgang Weinreich, zitieren: „Für die Menschen im Osten war FKK immer etwas völlig Normales, anders als für die Touristen aus dem Westen. Für die hat die Freikörperkultur oft einen anrüchigen Charakter."

Der Nacktwessi-Vizepräsident konnte auch überzeugend erklären, warum bald ganz Schluß sein wird mit der Nacktwirtschaft: „Die Wessis sanieren mit viel Geld die Ostsee-Küste, vertreten aber den Standpunkt: Was für eine Schweinerei! Solch nacktes Volk wollen wir nicht am Strand haben." Der Mann hatte nicht ganz genau formuliert, denn er meinte natürlich: Wollen wir nicht an dem Strand haben, der jetzt *unser* Strand ist. Nach Beitritt, Einigungsvertrag, Privatisierung und Sanierung zieht auch an den Stränden Ordnung ein. Und die Gemeindeverwaltungen folgten gehorsam den Zeichen der neuen Zeit, hämmerten hurtig Schilder zwischen den Strandhafer und erklärten die Strände für Nacktbader gesperrt. Weinreich entdeckte: „Das macht die Menschen in den neuen Bundesländern natürlich wütend. Sie fühlen sich bedrängt und tauften die Wessis jetzt 'Klemmis', Kurzwort für verklemmte Wessis." Irene Joschies aus Eisenach sagte dem Reporter: „Es ist traurig zu sehen, daß die FKKler immer weniger werden, wahrscheinlich stirbt diese Kultur irgendwann völlig aus." Und sehr richtig fügte der Journalist hinzu, daß es sich um eine Kultur handelt, die Ende des vorigen Jahrhunderts begann und zwar bei denen, die aus den engen Hinterhöfen kamen und die Natur genießen wollten, wenn sie einmal hinausfuhren ins Grüne. Erklärt werden mußte allerdings noch, wie es dazu kam, daß im Unrechtsstaat DDR ausgerechnet das Recht verkündet worden, mit der Textilierung des eigenen Körpers nach eigenem Belieben umzugehen. Und zwar ungeachtet der Parteimitgliedschaft! Also ob SED, CDU oder parteilos - alle durften nackt herumspazieren.

Die Erklärung liegt auf der Hand: Für alles, was dem „Wessi" im „Ossiland" schwer begreifbar deucht - was also Pfarrer Hintze nicht mit „rot" und damit müllcontainerreif erklären kann - sucht man eine „Nische". Wer die Antwort auf die Frage scheut, wie es ihm gelang, als Systemgegner in der DDR zu habilitieren - es wimmelt bekanntlich von Habilitierten unter den Gegnern - hat in einer „Nische" gehaust. Und eine hatten auch die FKK-Fans gemietet: „Die Freikörperkultur entwickelte sich zur Nische im System! Es wurde für drei Viertel der DDR-Bürger zur selbstverständlichen Freizeitbeschäftigung. Acht Jahre nach der Wende ist das Gegenteil der Fall. Die Strände sind den bekleideten Urlaubern vorbehalten. Wer sich nicht anziehen will, muß teilweise mit Hundestränden vorliebnehmen." So zumindest „Bild".

Als ich das von den Hundestränden las, fiel mir unwillkürlich der Titel ein: „Hunde, wollt ihr ewig leben?" Und ich erinnerte mich des Durcheinanders meiner Gazetten im Zug. 2002 werden sich „rote Socken" über „rote Hände" vielleicht zu „roten Hunden" eskaliert haben.

Schluß mit solchen Spekulationen und der ewigen Schwarzweißmalerei: Wir leben jetzt besser, denn wir bekleiden uns sittsam, klettern in die Strandkörbe und blättern dort in den Porno-Magazinen. Da gibt es viel mehr zu sehen als früher an den FKK-Stränden. So muß man das sehen!

VERSCHWUNDEN IM BERMUDA-DREIECK?

Einmal an der Küste, wäre noch die Frage der verschwundenen DDR-Handelsflotte zu klären. Weil ich nicht sicher bin, daß jeder die Geschichte der „Mary Celeste" kennt, werde ich sie in knappen Worten schildern. Im November 1872 war das stattliche Frachtsegelschiff unweit jenes karibischen Seegebiets, das heute als „Bermuda-Dreieck" in regelmäßigen Intervallen Filmdrehbuchschreiber beschäftigt, von der Besatzung des Schoners „Dei Gratia" gesichtet und auf die übliche Weise angerufen worden. Es kam keine Antwort. Boote wurden ausgesetzt, die „Mary Celeste" auf friedfertige Weise geentert. Niemand fand sich. Zehn Personen hätten an Bord sein müssen, einschließlich des Kapitäns, seiner Frau und der Tochter. War die Besatzung Opfer von Piraten geworden? Diese Möglichkeit ward ausgeschlossen, weil selbst der Schmuck der Kapitänsgattin unberührt in der Kajüte lag, ganz zu schweigen von der Ladung der „Mary Celeste": Fässer voller Alkohol. Als die berühmte Schiffsversicherung Lloyds von der Reederei zur Kasse gebeten wurde, zahlte die anstandslos und nahm einen Bericht in die Akten auf, bei dem man glauben konnte, er wurde nur abgeheftet, um wenigstens irgendeinen Beleg zu haben: Der Alkohol habe sich entzündet, sei aufgeflammt, habe die Besatzung zur Flucht veranlaßt und als das Feuer wieder erlosch, waren die von Bord Geflohenen schon gekentert und ertrunken.

Das Schicksal der „Mary Celeste" ist einer der Fundamentsteine für die Bermuda-Dreieck-Story, wonach dort im Laufe der Jahrzehnte unzählige Schiffe oder zumindest ihre Besatzungen spurlos verschwunden sind. Seit 1945 hat man angeblich allein 1000 Vermißte gezählt.

Da auch Pfarrer Hintze weder den roten Socken noch den roten Händen - wenn die schon bemüht werden, dann wäre zu erwähnen, daß sie die Flotte einst schwitzend von den Werften ins Wasser gelassen hatten - das Verschwinden der Flotte anlasten kann, bleibt nur das Bermuda-Dreieck. Denn wohin könnten sonst 163 unter einer Flagge fahrende Frachtschiffe und ein Passagierschiff verschwunden sein? Von den Seeleuten - Kapitäne, Maschinisten, Matrosen, und alle, die man an Land braucht, um eine so große Flotte zu versorgen und zu warten - kann man viele auf den Fluren der Küsten-Arbeitsämter treffen, aber wo sind die Schiffe geblieben?

Zum Zeichen ihres Verschwindens holte ein Veteran dieser Flotte vor der Rostocker Zentrale die Flagge ein, die man Monate vorher ahnungsvoll schon auf Halbmast gesetzt hatte. Man rollte das Tuch ein: Die Deutsche Seereederei (der DDR) hat aufgehört zu existieren.

Und wenn Hintze oder sonst wer demnächst mal wieder im Bundestag darüber reden sollte, wie marode die DDR-Wirtschaft war, sollte man ihn in Eisen schließen, ins Frachtdeck eines früheren DSR-Schiffes sperren und ins Bermuda-Dreieck schippern. Denn wenn die Legende stimmt, wird er dort durch höhere Gewalt abgestraft.

Hierzulande erinnern sich noch viele daran, wie sie gezwungen worden waren, Steine zu sammeln, damit in Rostock eine Hafenmole aufgeschüttet werden konnte. Ein an Kerker und Not erinnerndes Bild: Alte und Kinder ächzten unter der Last der riesigen Feldsteine, die man sie zusammentragen ließ. (Es gibt natürlich auch einige Dummköpfe , die sich noch erinnern, daß sie ihre freien Stunden mit

Hingabe für diese Mole opferten. So einfältig dachten DDR-Bürger: Wir brauchen einen Hafen und wir werden einen schaffen!)

Lange vor dem Hafen hatte die Reederei existiert. Das erste Schiff hatte man sogar vom Ostseegrund gehoben, das Kriegsleck zugeschweißt und dann wieder aufs Meer geschickt. Wenn mich nicht alles täuscht, hieß der Dampfer „Vorwärts". Wie sollte er sonst auch heißen? Später liefen die ersten in einer Warnemünder Werft vom Stapel. Man mag mich belächeln, aber ich stand bewegt dort, als der erste 10000-Tonner vom Stapel lief, und alle Gemüter rundum bewegte die Frage, ob dieser Stapellauf auch funktionieren würde, weil nie zuvor Schiffbauer an der Warnow ein so großes Schiff zusammengeschweißt hatten. Später wurden Schiffe dazugekauft, auch welche verchartert, schließlich waren es 164, und die Deutsche Seereederei war eine der größten Reedereiflotten der Welt. Und eine angesehene.

Nach der Rückwende wurde sie von der Treuhand übernommen, und damit zeigte der Kompaß zum Bermuda-Dreieck. 1993 kauften zwei Hamburger „Kaufleute" - so ihre offizielle Berufsbezeichnung - die gesamte Flotte. Sie sollten dafür 327 Millionen bezahlen. Das sind - wie jeder mühelos im Kopf ausrechnen kann - nicht einmal zwei Millionen DM pro Schiff. Es gibt Luxusjachten für diese Summe, Frachtschiffe nirgendwo. Wer glaubt, daß sie wenigstens die 327 Millionen DM bezahlen mußten, irrt. Die Treuhand zahlte ihnen 200 Millionen DM zu. Da kostete jedes Schiff den „Kaufleuten" nicht mal mehr eine dreiviertel Million!

Geschaffen von roten Händen wurde die Flotte nun von schmierigen Händen ins Bermuda-Dreieck geschickt. Nicht mal ein Hintze-Gebet begleitete sie auf der letzten Fahrt!

DRAMATISCHE
GESCHICHTEN VON BÄUMEN

Die oft gescholtenen Medien sind in Wirklichkeit ein Segen. Wenn mir mal Hintze einige Tage nicht über den Fernsehweg lief oder ich schlicht über Nacht vergaß, wie unmenschlich das Leben in der DDR gewesen war, schlage ich morgens eine Zeitung auf oder bediene den Knopf der Fernsehfernbedienung, und man hilft mir auf die Sprünge. Schockiert und entsetzt über die Vergangenheit, kann ich mich beruhigt wieder der Gegenwart zuwenden.

Von kleinen Ausnahmen abgesehen. Da stand im Eixener Forst (grobe Positionsbeschreibung: Wir sind noch im Norden der blühenden Länder, ziehen auf der Landkarte zwischen Stralsund und Rostock einen Strich und finden das Örtchen Eixen so halbwegs in der Mitte) eine 140 Jahre alte Weißtanne, 39 Meter hoch.

Zunächst die „schlechte" Vergangenheits-Nachricht: In diesem Forst haben DDR-Obere früher gejagt. Die „gute" Gegenwarts-Nachricht: Jetzt ist ein guter Gutsherr heimgekehrt. Und die „extrem schlechte" Nachricht: Die Weißtanne ward umgesägt.

Man erzählte mir in der Gegend, daß der Forstmeister gerade in einer Klinik behandelt wurde, als ihn die Schreckensbotschaft erreichte. Er hetzte in den Wald, immer noch hoffend, daß man sich geirrt und den Baum mit einem anderen verwechselt habe, und stand dann fassungslos vor dem Stumpf. Daß ihm Tränen in die Augen stiegen, ist die blanke Wahrheit. Für ihn war es ein grausamer Abschied vom Wald. Sein Forstamt war nämlich eben aufgelöst - zu deutsch: abgewickelt - worden, und der Meister war also schon halb in Rente.

Hier der grob geschilderte Hergang der Tragödie. Das DDR-Staatsjagdgebiet wurde - der Staat, dem es zugefallen war, brauchte wieder einmal Geld - privatisiert. Die 860 Hektar waren lange genug in roten Händen gewesen und wurden nun verkauft an Heinrich Graf von Finkenstein. Das war kein zufälliger Deal, sondern ein gewissenhaft vorbereiteter. Der Graf, der darauf verweist, daß seine Vorfahren einst Gutsbesitzer im nahen Semlow gewesen waren, hatte sich dort inzwischen wieder eingekauft und erwarb den Wald, um - wie man in solchen Kreisen zu sagen pflegt - den Besitz abzurunden. Die Finkensteins sind also endgültig „heimgekehrt", mußten nicht einmal auf ihre Forderungen bekräftigende CDU-Papiere aus Bonn oder Gorbatschow-Reden in Berlin warten. Der Graf schrieb die nötigen Schecks aus und korrigierte auf diese Weise die Geschichte. Mit dem Kauf war auch der 64jährige Forstmeister H. überflüssig geworden, denn wozu braucht ein Graf einen Förster? Er weiß selbst, was mit dem Wald zu tun ist! Besser sogar als ein Förster, wie sich sogleich herausstellte.

Förster H. stand vor der umgesägten Weißtanne, die eine der ältesten rundum ist und nach seiner Aussage „mit Sicherheit die massivste in ganz Mecklenburg-Vorpommern", trocknete sich die Tränen und begann zu fluchen: „Ohne Sinn und Grund wurde dieser Baum niedergelegt. Den Kaiser, die Nazis, die Russen, die sozialistische Planwirtschaft, die SED-Jäger - alle hat er überstanden und jetzt das!" Das war eine höchst gotteslästerliche Rede, wie jeder zugeben wird. Unvorstellbar, wenn er sie Hintze gehalten hätte!

Der Forstmeister wußte, worüber er redete. Die Tanne war kerngesund und hätte leicht 200 Jahre alt werden können. Obendrein sind Weißtan-

nen sehr selten geworden. Im waldreichen Mecklenburg-Vorpommern schätzt man ihren Anteil am
Wald auf ein Prozent! In Bayern und im Harz sind
sie fast völlig ausgestorben, was Forstmeister H.
auf die dort weit schlechtere Luft zurückführt.

Er ging an dem umgesägten Stamm ent-
lang und strich über die Nadeln. Er zählte fünf Na-
deljahrgänge, und wer so wenig Ahnung von dieser
Materie hat wie ich, soll wissen, daß dies ein un-
trügliches Zeichen für seine Vitalität ist. Generatio-
nen von Förstern hatten den Baum gehegt.

Jeder wird fragen: Wer hat diesen Baum
umgelegt, der - um die geschichtliche Dimension
deutlich zu machen - aufwuchs, als man in
Deutschland die ersten Eisenbahngleise verlegte
oder - politisch eingeordnet - die Märzrevolution
1848 stattfand? Die Antwort lautet: Graf Finkenstein, der neue Herr im Eixener Revier. Er nannte
es lakonisch eine „dumme Panne". Es klang wie:
„Regt euch nicht auf, derlei passiert eben", oder
„Wo gehobelt wird, fallen Späne" oder auch „Das ist
nun mein Wald, und da kann ich umsägen lassen,
was ich will."

Solch Verdacht erhärtete sich, als er wissen ließ, daß die Tanne von einem seiner Vorfahren
gepflanzt worden war und auch daran erinnerte,
daß die Finkensteins seit 700 Jahren in dieser Gegend „ansässig" sind. Unverschlüsselt formuliert:
Was „wir" in 700 Jahren haben pflanzen lassen,
können wir, wenn's recht ist, auch abholzen lassen,
wann es uns paßt. Damit dieser Eindruck nicht vor-
dergründig entsteht, versicherte er allerdings, daß
er nicht Order gegeben hatte, den Baum umzusä-
gen. „Wenn es nach mir gegangen wäre, wäre er
stehengeblieben."

Aber wie es in der Marktwirtschaft nun mal
so zugeht: Der Graf hatte ein Lohnunternehmen

beauftragt, faule Fichten aus dem Buchenbestand herauszuschlagen - endlich Ordnung zu schaffen im von „roten Händen" verluderten Wald und da der Lohnunternehmer offensichtlich Fichten nicht von Weißtannen unterscheiden konnte, wurde die Säge angesetzt. Der Graf hat weiter keinen Ärger zu befürchten, denn die Weißtanne war nicht als Naturdenkmal ausgewiesen. Der jetzt zuständige Forstmeister dazu: „Wir hätten ein Eulenschild am Stamm anbringen können, aber das würde bedeuten, daß wir den ganzen Wald beschildern müssen. Wer konnte denn ahnen, daß so etwas passiert?"

Niemand.

Kommen wir von den seltenen Weißtannen zu den seltenen Zerreichen. Diese Eiche - lateinisch Quercus - gehört zu den Buchengewächsen, und davon kennt man verschiedene Arten, so Stein-, Trauben-, Stiel- und Sommereichen. Und dann eben auch jene Zerreichen. In Potsdam zum Beispiel stehen mehr als 10.000 Bäume und davon sind nur zwölf Zerreichen. Eine der zwölf steht an der Langen Brücke, und dort soll nach langem noch währenden Streit ein riesiges Neubauviertel entstehen. Der Streit war aufgekommen, als die UNESCO-Kommission vor dem sogenannten Potsdam-Center gewarnt hatte: Mit diesen Betonklötzen drohe Potsdam seinen Platz auf der Liste des Weltkulturerbes zu verlieren. Die Investoren korrigierten murrend ihre Pläne, aber immer stand ihnen die Zerreiche im Weg!

Wichtig wäre noch mitzuteilen, daß der längst abgewickelte „Rat der Stadt Potsdam" am 13. April 1983 beschlossen und verkündet hatte, daß diese Zerreiche als Naturdenkmal zu betrachten und dementsprechend zu respektieren sei. Wie man zu DDR-Zeiten, in denen bekanntlich nie etwas Vernünftiges getan wurde, auf die Idee gekommen war, die Eiche zum Denkmal zu erklären und damit vor Holzhändlern und Investoren zu schützen, kann sich niemand erklären. Vielleicht lag es daran, daß es nur faulenzende volkseigene Holzhändler und Investoren gab, die kein Interesse an Eichenholz hatten. Vielleicht weiß aber auch der in der DDR-Geschichte so gut bewanderte Peter Hintze eine Erklärung, zumal er einst seinen Schreibtisch im Umweltministerium stehen hatte.

Wie auch immer: Die Investoren ärgerten sich über die lästige Eiche und noch mehr natürlich über die alberne Entscheidung aus DDR-Zeiten. Also engagierten sie einen gut bezahlten Gutachter, der zwar einräumte, daß die Zerreiche eine Besonderheit sei, aber darauf verwies, daß noch elf davon in Potsdam herumstehen. Und bei elf - behauptete der gut bezahlte Gutachter - fehle es an der Voraussetzung den Baum als „Seltenheit im Sinne des Brandenburgischen Naturschutzgesetzes" einzustufen.

Die Investoren forderten den damals noch amtierenden Oberbürgermeister Horst Gramlich auf, schleunigst den Denkmalstatus der Eiche aufzuheben. Der - was sich, wie man inzwischen weiß, für ihn nicht auszahlte - willfährig reagierende Oberbürgermeister rief am nächsten Tag den Naturschutzbeirat zusammen, aber der lehnte es zunächst ab, die Eiche zum Absägen freizugeben.

Der Oberbürgermeister wußte viel über die neue Demokratie, vielleicht weil er früher mal Dozent an der DDR-Akademie für Staat und Recht gewesen war. Er wußte jedenfalls, daß die Eiche nie gefällt werden durfte, wenn sein persönlicher Entscheid, sie fällen zu lassen, nicht zuvor im Amtsblatt veröffentlicht worden war. Das nächste Amtsblatt erschien jedoch erst in sieben Tagen. Das dauerte den Investoren zu lange. Da verfügte der

Oberbürgermeister, daß eine Extra-Ausgabe des Amtsblatts zu erscheinen habe. Die gab er um 17 Uhr in Auftrag, und sie enthielt eine „Änderung der Naturschutzverordnung": „Die Festsetzung der Zerreiche an der Langen Brücke als Naturdenkmal wird aufgehoben." Als man noch dabei war, das Papier in die Druckmaschinen zu stapeln, verließ bereits der Bescheid, „Die Eiche kann gefällt werden", das Rathaus. Wie das in solchen Situationen so ist: Rein zufällig lagen Sägen in der Nähe der Zerreiche herum, und zufällig waren die Männer, die sie bedienten, noch nicht nach Hause gegangen. Und dann muß ein Wanderer des Weges gekommen sein und erzählt haben, daß sie im Rathaus ein Amtsgesetz geändert hätten. Da wurden dann Scheinwerfer montiert, dem Wanderer vermutlich ein Bier spendiert und die Sägen in Gang gesetzt. Um 21 Uhr stürzte der gewaltige Baum entseelt um.

Wer mir entgegenhalten will, daß die Demokratie für die Menschen gemacht sei und nicht für die Bäume, dem muß ich die Geschichte zu Ende erzählen. Es dauerte gar nicht lange, und man entdeckte, daß der so gutwillige Oberbürgermeister Gramlich angeblich ebensowenig in die Potsdamer Landschaft paßte, wie die Zerreiche. Und weil er von niemandem unter Denkmalschutz gestellt worden war, brauchte man nicht einmal das Erscheinen des nächsten Amtsblatts abzuwarten. Der Ministerpräsident gab einen Wink, und der Oberbürgermeister wurde aus dem Amt gejagt.

Ob der Ministerpräsident ein Hintze-Kumpan war? Nein, aber auch die nicht von „roten Händen" Faselnden nehmen es mit der Demokratie ebensowenig genau und behaupten gern die wildesten Dinge über die Jahre der „roten Hände". Der Ministerpräsident auch, aber zurückhaltend.

Er hat so seine Gründe.

DIE PRINZESSIN VON ANHALT, SACHSEN, ENGERN, WESTPHALEN UND ASKANIEN

Im Land der „roten Hände" regierte alleweil der Mangel. Nichts, woran es nicht fehlte. Wer das bezweifelt, kann in jeder Buchhandlung die Memoiren von Denkern, Künstlern, Sängern, vor allem aber von Widerständlern lesen.

Größter Mangel herrschte an Grafen und Fürsten. Die waren wohl zum großen Teil bei der Bodenreform abhanden gekommen und niemand hatte sich ernsthaft bemüht - oder eine Notwendigkeit gesehen -, diese Lücke zu schließen. Es könnte auch sein, daß die Herrschaften nicht vermißt wurden.

Glücklicherweise änderte sich auch in dieser Hinsicht einiges, als die roten Socken vertrieben wurden. Adlige Damen und Herren kehrten auf ihre Güter zurück, nachdem ihnen Armeen von Anwälten die nötigen Schneisen geschlagen hatten. Auf Rügen - viele werden sich dessen erinnern - rief ein Herr zu oder von Putbus im Namen der Hintze-Partei die "Rüganer" auf, der "neuen Zeit" den Weg zu bahnen. Doch lösten viele „Heimkehrer" mehr Ärger als Freude aus. Das erkannten die Medien und damit auch ihre Aufgabe, nachhaltige Sympathien für den Adel zu wecken. So zum Beispiel der Fernsehsender RTL, der seinem Publikum den ehrenwerten Prinzen Frederic von Anhalt, Herzog von Sachsen, Engern und Westphalen und Graf von Askanien präsentierte. Woher der Mann diese Titel hat, war nicht restlos zu klären. Gerüchte lassen darauf schließen, daß er irgendwann von irgendwem adoptiert worden war. Seine finanzielle Lage kann trotz der stattlichen Territorien, die sich auf den ersten Blick hinter seinem Titel verbergen, nicht sehr saturiert gewesen sein, denn er nahm ein - sicher lukratives - Angebot an, mit einer bunten Schar von „Sponsoren" neunfünflandweit eine „Prinzessin" zu suchen, die er adoptieren wollte. Man rief junge Damen auf, sich vorzustellen, ein angesehenes Berliner Kaufhaus versprach der Glücklichen, die eines Tages in den Rang einer Prinzessin aufsteigen würde, einen Einkaufsscheck in Höhe von 50.000 DM, eine Nobelautofirma stellte für ein Jahr ein attraktives Coupé zur Verfügung, und der Sender setzte ein monatliches Salär von 5000 DM aus. Addiert man diese Summen und die Kosten, die sonst noch aufliefen, hätte man mindestens drei Dutzend Ausbildungsplätze für Lehrlinge davon bezahlen können. Aber daran dachte leider niemand.

Der Zirkus begann damit, daß das Kaufhaus ein "Prinzessinnenstudio" einrichtete und der Sender interessierte junge Damen einlud. Über 2000 kamen, darunter viele, die sich zuvor vergeblich um einen Ausbildungsplatz beworben hatten. Für die Rolle der Prinzessin - so ward versichert - waren keine Zeugnisse oder Empfehlungen vonnöten. Man fotografierte und filmte die Damen und beraumte zwei Wochen später den "Endausscheid" an. Zum ersten Mal trat auch der Prinz in die Öffentlichkeit. Nennen wir die junge Frau, die in dem Wettbewerb triumphierte, Hiltrud Müller, und verschweigen ihren amtlichen Namen, um ihr möglichen Ärger zu ersparen.

Zunächst deutete sich jedoch keinerlei Ärger an. Hiltrud lächelte in die Kamera, als eines Morgens ein RTL-Team vor ihrer Wohnungstür aufmarschierte und ihr eröffnete, daß sie das Rennen um die Prinzessin gewonnen hatte. Da sie redliche Eltern aufzuweisen hatte, war die Notwendigkeit einer Adoption zwar nicht gegeben, aber sie erklärte sich dennoch bereit, in der Seifenoper mitzuspielen.

Alles verlief nach Plan. Der Scheck wurde ihr ausgehändigt, das Coupé vor die Tür gestellt, die Monatszahlungen auf ihr Konto überwiesen, und dann jettete der Prinz mit ihr nach Los Angeles, also bis vor die Haustür von Hollywood. Von dort flog man nach Las Vegas, und im Spielerparadies wurde Hiltrud adoptiert und als Prinzessin von Anhalt, Herzogin von Sachsen, Engern und Westphalen und Gräfin von Askanien eingetragen. Der Prinz stellte sie auf Parties vor, zu denen man - vermutlich gut honoriert - Arnold Schwarzenegger und andere Stars geladen hatte. RTL drehte und drehte. Wer beim Lesen dieses kitschigen Reports langsam die Nase voll hat, genießt durchaus meine Sympathie. Mir ging es ähnlich. Aber die Geschichte war noch längst nicht zu Ende, und niemand nahm Anstoß daran, daß das Maß der Geschmacklosigkeiten längst übergelaufen war. Immerhin konnte man lernen, was uns 40 Jahre gefehlt hatte.

Hiltrud kehrte nach Berlin-Pankow zurück und soll - hier weichen die Darstellungen voneinander ab - den Prinzen gebeten haben, ihr Papiere zuzustellen, die Details über ihr „Reich" vermitteln sollten. Sie versichert, die Unterlagen nie in Händen gehabt zu haben. Dafür machte sich Hiltrud kundig, welchen Wert das in Las Vegas ausgefertigte Dokument in deutschen Landen habe, und erfuhr, daß es in Berlin niemand akzeptieren würde. Das beruhigte sie, denn sie sah keine Notwendigkeit, ihre Eltern gegen den Prinzen einzutauschen. Warum sie das nicht gleich gesagt hatte? Vielleicht weil sie an die Schecks gedacht hatte...

In einer Zeit, in der die Zeitungen voll von handfesten Betrügereien an oft hilflosen Menschen sind, trickste so eine pfiffige Berlinerin die Manager jener Seifenoper aus, in der sie die Hauptrolle spielen sollte. Nachdem sie den Kaufhausscheck aufgebraucht, wobei sie ihrer ganzen Familie geraten hatte, modernes Haushaltsgerät anzuschaffen, und die RTL-Rente „angelegt" hatte, suchte sie sich einen Job als Sekretärin, fand sogar einen und begann, Schauspielunterricht zu nehmen. Dann schrieb sie ihre turbulente Story in ein Buch und widerrief die Adoption.

Der Prinz und die großzügigen Sponsoren fühlten sich geprellt, schlugen aber keinen Krach, vermutlich, weil sie die Blamage fürchteten und obendrein hofften, für die Seifenoper doch noch ein Happy-end zu finden. Vergeblich allerdings. Um wenigstens den Prinzen nicht völlig umsonst bezahlt zu haben, starteten sie inzwischen einen neuen Anlauf. Diesmal wird ein Prinz gesucht.

Harry Domela hieß der junge Mann, der sich in den zwanziger Jahren in Erfurt und Weimar als Hohenzollernsproß ausgab und ein Leben in Saus und Braus führte, was ihn allerdings im Knast enden ließ. Hiltrud Müller kann solch Ungemach nicht widerfahren, denn sie hatte man fast mit Gewalt zur Prinzessin gemacht. Domela deckt längst der grüne Rasen, aber wäre er noch am Leben, könnte er als Prinz von Anhalt, Herzog von Sachsen, Engern und Westphalen und Graf von Askanien ein glanzvolles Comeback feiern.

Was lehrt uns das? Daß heute in den blühenden Ländern allen Menschen alle Wege offenstehen und die ewigen Schwarzmaler zu rügen sind, weil sie nicht den Worten des Peter Hintze folgen, der zwar keine Prinzessinnen krönen, aber dafür eine heile Welt versprechen kann. Wenn niemand den „roten Händen" hinterherläuft!

DREI BEGEGNUNGEN MIT E.H.

Ausgerechnet um den 1. Mai herum „begegnete" er mir dreimal! Nein, nicht, daß irgendwer eine Kerze vor seinem Bild angezündet hätte, es war eher blanker Zufall. Die Rede ist - ich bitte Sie aber um äußerste Diskretion, weil man nicht weiß, ob mir das nicht vielleicht einen Prozeß einbringt - von Erich Honecker. Ja, von ihm, dem zeitweilig Obersten aller „roten Hände".

Ich weiß nicht, was dänische Auktionäre bewegt, am 1. Mai zu arbeiten, aber an diesem Feiertag der Arbeit kletterten in dem Kopenhagener Vorort Gentofte der Mann mit dem Holzhammer und seine Mitarbeiter auf eine Jacht und versteigerten sie. Bei 313.000 DM wechselte sie den Besitzer. Am Bug des Schiffes stand noch der Name „Ostseeland", aber in dem Auktionskatalog war vor allem erwähnt: „Erich Honeckers ehemalige Luxusjacht". Verwiesen wurde noch darauf, daß sie 1970 in Wolgast als Minensucher vom Stapel gelaufen sein soll. Unklar blieb, was Honecker - oder das Politbüro oder die kommandierenden Admirale - bewogen hatte, einen Minensucher in eine Luxusjacht umzuwandeln. Vielleicht aber sollte die Anmerkung auch nur den Preis in die Höhe treiben: „Seht her, ein minensicheres Schiff." Natürlich war das Ereignis Anlaß genug, um Küstenblätter und auch Berliner Zeitungen zu Kommentaren zu veranlassen und vor allem aus dem Honecker-Nähkästchen zu plaudern. Zum Beispiel der „Tagesspiegel": „Viel Freude hatte Honecker an dieser Jacht nicht: Er wurde seekrank. Trotzdem empfing er Fidel Castro... an Bord." Das gibt zu denken. Erstens: Honecker war nicht seefest. Zweitens: Er ging trotzdem an Bord, um Fidel zu empfangen. Was mag ihn nur bewogen haben, mit dem Kubaner auf See zu konferieren? Wenn Fidel nicht eines Tages darüber plaudert - und wie wir wissen, ist das nicht eben ein großer Plauderer - werden wir es wohl nie mehr erfahren.

Versteigert werden mußte die „Ostseeland", weil die Schweden, die sie als „Schnäppchen" gleich nach der Wende von der Treuhand gekauft hatten, in finanzielle Nöte geraten waren. Auch dieser Fakt gibt zu denken: Der böse Geist des früheren Passagiers dürfte die Schweden in die Schulden getrieben haben, und das würde den Pfarrer Hintze bestätigen: Wer sich mit „roten Sokken" oder „roten Händen" einläßt, kommt darin um!

Die nächste Frage ist prekärer: Gehörte zum ersteigerten Inventar auch das Logbuch, in dem die Namen all derjenigen stehen, die je Gast an Bord der „Ostseeland" waren? Eine höchst brisante Frage, weil da auch Namen von Leuten zu finden wären, die sich täglich in Hintzes Umgebung tummeln. Sind sie mit E.H. über die Ostsee geschippert? Und haben sie ihm etwa sogar die rote Hand geschüttelt?

Die Geschichte droht zur endlosen Geschichte zu eskalieren. Diejenigen, die die 313.000 DM hinblätterten, sind ausgerechnet zwei Türken. Erol und Senil Yegin. Alle „Ausländer-raus!"- Schreihälse sehen sich mit dem Problem konfrontiert, wie sie sich da verhalten sollen. Immerhin war Honecker ein Deutscher - auch wenn er aus dem Saarland stammte - und nun soll seine Jacht unter türkischem Namen am Bosporus kreuzen? Es will gut überlegt sein, wie man da reagiert. Erschwerend kommt hinzu, daß die beiden Türken nicht nur in den neuen Bundesländern leben, sondern in Seifhennersdorf eine ehemals volkseigene Textilfabrik betreiben und sogar Profit machen. Wie Pfarrer Hintze das erklären will, bleibt mir ein Rätsel.

Kaum hatte ich diese Begegnung hinter mir, sah ich mich schon wieder mit ihm konfrontiert. Die DDR - das kann schon kaum jemand mehr leugnen - hat viele außergewöhnliche Kunstwerke hinterlassen. Wann immer eins erwähnt wird - oder erwähnt werden muß - fügt man einen „Beipackzettel" hinzu, auf dem man nachlesen kann, welch Widerstand überwunden werden mußte, ehe das Kunstwerk zustandekam. Zu jenen Kunstwerken gehörte auch der Film „Die Legende von Paul und Paula", an den sich heute noch viele mit Schmunzeln und Freude erinnern. Eine clevere Häuslebauerfirma gab einer Allee an der Stralauer Bucht in Berlin den Namen „Paul-und-Paula-Ufer". Tatsächlich hatten in dieser Gegend damals Außenaufnahmen stattgefunden. Die beiden Stars von vor 25 Jahren kamen zur Fete und erfuhren aus dem üblichen „Beipackzettel", daß die Parteiobrigkeit wutschnaubend gegen diesen Film opponiert hatte. Aber als man schon damit rechnete, daß er nie über eine Leinwand flimmern würde, habe Honecker ihn sich vorführen lassen und nichts auszusetzen gehabt. Unfaßbar! Honecker hat gegen das Politbüro nicht nur opponiert, sondern sogar handfesten Widerstand geleistet. Ich sehe es kommen: Die DDR-Geschichte muß wieder mal neu geschrieben werden!

Über die dritte Begegnung kann ich auch nur ganz im Vertrauen berichten. Ein Freund drückte mir einen zusammengefalteten Zettel in die Hand. So unauffällig, daß es garantiert niemand bemerkte. Zu Hause ließ ich die Rolladen herab und faltete ihn auseinander. Als erstes sah ich ein Honecker-Bild. Und dann las ich: „Wir trauern um einen der besten Genossen, der es geschafft hatte, uns die Wessis 40 Jahre vom Hals zu halten! Erich, wir vermissen Dich!" Na ja, es gibt eben solche und solche Witze.

BÜRGER DER HOLZKLASSE?

Hintzes Wahlmanager schuften, machen Überstunden - vielleicht sogar unbezahlte? - und grübeln über Problemen. Umfrager hetzen durch die Häuser, um neue Antworten und Prozentzahlen liefern zu können. Ganz unter uns: Es gab arge Mängel bei den Wahlen, die man früher in den heutigen neuen Bundesländern veranstaltete, aber Aufwand und Wirbel waren unbestritten geringer. Wer den Straßenchef der Nationalen Front wissen ließ, daß er nicht zur Wahl gehen würde, weil sein Küchenherd noch immer nicht ausgewechselt worden war, konnte ziemlich sicher sein, daß zwei Wochen später morgens die Klempner klingelten und den Herd in die Küche bugsierten. Jetzt? Neben den Wahlmanagern sind ganze Scharen von Wissenschaftlern rund um die Uhr damit befaßt, im voraus zu ermitteln, wie Familie x mit oder ohne neuen Küchenherd abstimmen könnte.

So hat das berühmte Allensbacher Institut Bürgern vor den Bundestagswahlen 1998 in den alten und den neuen Ländern die Frage gestellt: „Glauben Sie, die Demokratie, die wir in der Bundesrepublik haben, ist die beste Staatsform oder gibt es eine andere Staatsform, die besser ist?" Die Frage läßt ahnen, wohin der Umfrage-Hase läuft: Haben acht Jahre nach der Tra-ra-Vereinigung etwa die Zweifel zugenommen? Wie reagiert man auf den Schock der „roten Hände"?

Die Antwortenpalette reichte von 1990 bis 1995. In den alten Ländern beschworen 1990 über 80 Prozent, daß es keine bessere Staatsform gibt, 1995 wies der Trend nach unten - 73 Prozent. In den neuen Bundesländern startete man 1990 mit nur 41 Prozent und konstatierte 1995 mit 31 Prozent eindeutigen Abwärtstrend. Die zielstrebige

Frage, ob man mit der Demokratie im „vereinigten Deutschland" zufrieden sei, wurde in den blühenden Ländern - so das „Politbarometer" - 1990 von 58 Prozent der Bürger positiv beantwortet, aber 1996 waren es nur noch knappe 40 Prozent. Drei führende Mitarbeiter vom Wissenschaftszentrum Berlin für Sozialforschung hatten die Frage Ende des Jahres 1997 einigermaßen gewissenhaft zu untersuchen versucht und waren dabei auch zu der Feststellung gelangt: „Im Gesellschaftssystem der DDR hatte die soziale Sicherheit der Bürger einen hohen Stellenwert." (Solche albernen Entdeckungen werden von den schindernden Wahlkampfmanagern natürlich ungelesen in den Papierkorb befördert.) „Sie war in Form von sozialen Grundrechten der DDR implementiert (deutsch: eingebaut. K.H.) und fand auch in der praktischen Politik einen erfahrbaren Niederschlag. Umfragen, die vor und nach der deutschen Vereinigung durchgeführt worden sind, belegen u.a., daß die Bürger der neuen Länder davon überzeugt waren - und es noch sind -, daß in diesem spezifischen Aspekt das Gesellschaftssystem der DDR dem der Bundesrepublik überlegen war." (Papierkorb!) „Diese in der Zeit der DDR entstandene Auffassung wurde durch Situationsfaktoren sicherlich verstärkt." (Papierkorb!)

Dann langten die Autoren nach einer Umfrage, die über Ansprüche an den Sozialstaat 1991 und 1994 Auskunft gab. Man konfrontierte die Wählerkandidaten mit der Frage, ob man der Meinung sei: „Der Staat muß dafür sorgen, daß man auch bei Krankheit, Not, Arbeitslosigkeit und im Alter ein gutes Auskommen hat?" Aus den alten Bundesländern stimmten da nur 51 Prozent der Bürger „voll" zu, 39 Prozent begnügten sich damit „eher" zuzustimmen und acht Prozent waren gar dagegen. Die „Ossis" waren da anderer Meinung: 79 Prozent stimmten „voll" zu, 19 „eher" und nur 1 Prozent stimmte dem gar nicht zu. Ungeachtet dieser Ergebnisse, fragten sie auch noch: „Wenn Sie an die Zeit in der DDR vor der Wende denken, geht es ihnen dann heute in Bezug auf soziale Sicherheit besser als damals", worauf 1994 21 Prozent mit „ja" antworteten, aber 1995 nur noch 17 Prozent. Keinen Unterschied hatten in beiden Jahren 19 Prozent entdeckt, und auf die Frage, „schlechter als damals?" antworteten 1994 bereits 60 Prozent mit „ja" und 1995 gar 64 Prozent - zu deutsch also zwei Drittel! Auch das ist kaum handhabbarer Stoff für die Wahlkampfmanager.

Dieter Walz und Wolfram Brunner, zwei in der Bundesrepublik Deutschland groß gewordene Wissenschaftler, wagten sich an eine Untersuchung, die die Marx-Herkunft nicht verleugnende Überschrift trug: „Das Sein bestimmt das Bewußtsein" und - so die Unterzeile - Auskunft geben soll, „Warum sich die Ostdeutschen als Bürger 2. Klasse fühlen." Die erste demoskopische Feststellung war, daß die „Ossis" im Rückwendejahr 1990 bereits zu 87 Prozent der Meinung waren, in der Holzklasse dieser Gesellschaft zu fahren. Dank der Ankündigung, die SED-Tristesse würde zu blühenden Länder mutieren, den folgenden vielen fröhlichen Grundsteinlegungen und den markigen Sprüchen des Kanzlers und seines Seelenhirten konnte diese Quote massiv gesenkt werden. Man kam bis auf 69 Prozent. Im Mai 1997 wurde zum letzten Mal abgefragt, und da waren schon wieder 80 Prozent der Bürger der neuen Länder der Meinung, Bürger zweiter Klasse zu sein. Man versuchte herauszufinden, woran das liegen könnte, und hatte natürlich auch die Frage bei der Hand, die in Bonn schon seit Jahr und Tag gar nicht mehr gestellt, sondern gleich beantwortet wird: Liegt das daran, daß das

DDR-Regime in vielen Bereichen einen „Scherbenhaufen" hinterlassen hat, den man so schnell nicht beseitigen und auf „Westniveau" aufholen kann. 73 Prozent stimmten dieser Variante ihres Weges zum Bürger zweiter Klasse zu. Möglicherweise, um Vergleichen aus dem Wege zu gehen, wurden Antworten auf brisantere Fragen dann in ein anderes Antwortensystem transferiert, bei dem 1,0 für „stimme voll zu" und 4,0 für „stimme überhaupt nicht zu" stehen. Die Ziffern pendeln logischerweise dazwischen. Da aber rangiert der „Scherbenhaufen" bei 1,7 Punkten und bei Zustimmung zu der Frage: „Macht die westdeutsche Wirtschaft den Osten 'platt'?" lag die Antwort mit 1,7 ebenfalls nicht allzu weit von „trifft sehr zu" entfernt.

Wie man sieht, werden die Wahlkampfstrategen allemal ihre liebe Not und Mühe bekommen. Die Legende von der maroden DDR-Wirtschaft, der man allen Ärger zuschreiben kann, hat sich erschöpft. Glasklar formulierten Walz und Brunner: „Daß sich die wirtschaftlichen und sozialen Lebensverhältnisse in den Augen vieler Ostdeutscher auch im siebten Jahr der Vereinigung noch nicht denen des Westens angeglichen haben, ist nun in erster Linie ein Versäumnis der Bundesregierung, bzw. des Westens insgesamt. Und es ist auch ein Zeichen für Mißfunktionen in dem vom Westen importierten politischen System."

Ich habe noch eine andere, sehr bittere Spur für die Meinungsforscher gefunden. Nicht auf dem Wege von Umfragen, sondern in der Ärzte-Statistik: „Die Zahl der tödlichen Herzinfarkte ist in den Jahren nach der Wende in Ostdeutschland explosionsartig emporgeschnellt: Sie stieg zwischen 1990 und 1994 um 72 Prozent!"

Beigesetzt wurden diese Wende-Opfer auf den Friedhöfen der blühenden Länder...

DIE UHR GEHT WIEDER RICHTIG!

Es wurde allerhöchste Zeit, aber nun ist alles wieder im Lot, und die Uhr am Berliner Alex geht wieder richtig. Ich meine die Weltzeituhr, die noch sieben Jahre nach der Rückwende arge Spuren der rechtlosen, diktatorischen Vergangenheit trug. Die verflixten sieben Jahre waren auch an dieser Uhr nicht spurlos vorübergegangen. Im Vertrauen und sozusagen als Verschlußsache höchster Geheimhaltungsstufe, verrate ich dem geneigten Leser: Sie war 1969 in Betrieb genommen worden, als man verordnet hatte, den 20. Gründungstag der DDR zu feiern. Ein Künstler hatte den Befehl erhalten, eine Uhr zu entwerfen, die dem - so die offizielle Deutung der heutigen Geschichtsschreiber und demzufolge verordnete Wahrheit der Gegenwart - von der Welt abgeschnittenen DDR-Bürger die - welch Zynismus! - Möglichkeit bieten sollte, zum Berliner Alexanderplatz zu fahren und dort nachzusehen, wie spät es gerade in Sydney war. 345.000 DM kramte man aus der leergefegten Berliner Stadtkasse und ließ die Uhr gründlich renovieren.

In der Regel geht man zum Uhrmacher, wenn eine Uhr stehenbleibt, ein Zeiger sich verhakt oder das Zifferblatt aus dem Lot gerät. In diesem Fall war kein akuter Schaden solcher Art eingetreten. Man konnte ja auch noch immer die eigene Armbanduhr nach dem Großdrehwerk stellen und sich - so Interesse bestand - informieren, ob in Karachi schon der Abend angebrochen war oder ein neuer Tag begonnen hatte. Es ist obendrein kaum vorstellbar, daß diese in der DDR gefertigte Uhr fast 30 Jahre lief und darüber nicht „marode" geworden, eines Tags oder Nachts stehenblieb. Wunder geschehen eben überall.

Die Großuhrmacher machten sich also ans Werk und schraubten die Zeitmaschine auseinander. Aus den Zeitungen erfuhr man nicht nur, daß sich dort Jahre hindurch Liebespaare verabredet und meist auch getroffen hatten, sondern es wurde auch erstmalig enthüllt, daß politische Widerstandskämpfer die Uhr als Treffpunkt gewählt hatten. Verblüffen mußte nur, daß Herr Gauck, der bei jedem Ereignis die passenden Akten bei der Hand hat, keine Dokumentation über „Widerstand und die brutale Stasiausforschung der Weltzeituhr" präsentierte. Aber das kann durchaus eines Tages nachgeholt werden. Da ließe sich eine Kombination mit Herrn Hintze vorstellen, Titel: „Rote Hände an der Uhr!"

Die großen Metalltafeln mit den Namen der Städte wurden demontiert, renoviert und wieder angeschraubt. Dabei konnten als erstes die durch die Geschichte entstandenen Korrekturen berücksichtigt werden. Leningrad verschwand und wurde durch St. Petersburg ersetzt. „Jerusalem" - von der DDR angeblich ebenso wie „Kapstadt" einst verboten - wurden hinzugefügt. Und neu aufgenommen in das Stundenkarussell wurde eine Stadt, die auf keiner Landkarte zu finden ist: Pressburg.

Einst, als Böhmen und die Slowakei noch zu Österreich-Ungarn gehörten, fand man diesen Namen zuweilen auf Wiener Landkarten. Seit 1918 heißt die Stadt eindeutig Bratislava und ist Hauptstadt der Slowakei. Nicht ganz geklärt ist, ob der Faschist Tiso, der die Slowakei zeitweilig für Hitler verwaltete, als eine Art Kotau vor den Nazis dem Bratislava das Pressburg hinzugefügt hatte, aber das sollte - wie man zugeben wird - kaum ein triftiger Grund für die Verwaltung der deutschen Bundeshauptstadt sein, den Namen jetzt auf eine Weltzeituhr zu schrauben, auf der - siehe zum Beispiel

Karachi - die Städte so geschrieben werden, wie man sie auf gängigen Landkarten findet. Der slowakische Konsul in Berlin erfuhr davon - wie zu hören war -, hetzte zum Alex, weil er nicht glauben wollte, was man ihm erzählt hatte, und protestierte offiziell gegen die Beschilderung. Die zuständige Behörde betonte, daß man den Einspruch mit "Gelassenheit" zur Kenntnis genommen habe.

Gelassenheit, das empfinde ich als die einzig angebrachte Reaktion auf das Benehmen der albernen Slowaken. Was haben sie seit 1990 in Berlin getrieben? Etwa nur slowakischen Wein getrunken? Ist ihnen entgangen, daß man die Straßen serienweise umbenannte? Haben sie nicht mitbekommen, daß die alte Ordnung wieder hergestellt wurde? Die Dimitroffstraße wurde in Danziger Straße umbenannt. Hat ihnen das nicht zu denken gegeben? Zwar heißt die Stadt seit langem Gdansk, aber einst war sie deutsch und hieß Danzig. Und langsam soll man sich in Europa daran gewöhnen, daß man in Deutschland die neue Ordnung als erstes auf den Straßenschildern übt, aber das sind Signale, die niemand überhören sollte..

Zunächst also ist Gelassenheit angesagt und notfalls wird der slowakische Konsul „einbestellt" und entsprechend belehrt.

Nein, nicht mit markigen Worten, sondern vielleicht gar mit populärer Schlagermusik. Zu denken wäre da an: „Theo, wir fahren nach Litzmannstadt!" Das wäre gleich ein Wink für die Polen.

Was das mit blühenden Ländern zu tun hat? Ich bitte Sie, fällt Ihnen denn nicht auf, wie die Vergangenheit blüht? Nicht nur in Rühes Kasernen!

DAS PROBLEM
MIT DER BELOHNUNG

Dinge gibt es! Selbst Hintze und dem wackeren Regierungssprecher Hauser können da Zweifel kommen.

Caspar David Friedrich deckte schon 150 Jahre der kühle Rasen, als verkündet wurde, daß auch seine Geburtsstadt Greifswald auserkoren sei, künftig in blühenden Ländern zu liegen. Der weltberühmte Maler, der die größte Zeit seines Lebens in Dresden verbrachte und dort auch viele seiner großartigen Gemälde schuf, hätte die blühenden Länder sicher gern noch erlebt. Was für eine Verheißung für einen Maler!

Auf seinen Gemälden schuf Friedrich gern subtile Naturerscheinungen als da sind Sonnenaufgang, Abenddämmerung, von den Farben des Herbstes geprägte Landschaften. Eines seiner berühmtesten Bilder trug den unscheinbaren Titel „Ansicht eines Hafens" und zeigte zwei Schiffe, die alle Segel gesetzt hatten und sich in einem niederländischen Hafen begegneten. Während der größte Teil der Friedrich-Werke in Dresden, Berlin und Hamburg hängen, war dieses Kunstwerk im Potsdamer Schloß Charlottenhof zu bewundern. Im Dezember 1996 wurde es dort gestohlen, jeder erinnert sich vermutlich der Schlagzeilen, die der Raub damals auslöste. Experten wurden mobilisiert, die als erstes mitteilten, daß das Gemälde acht Millionen DM wert sei, und dann die Befürchtung äußerten, daß sich irgendwo in der Welt ein reicher Mann einen Lebenswunsch erfüllt haben könnte, als er den Auftrag gab, die „Ansicht eines Hafens" zu stehlen, damit er es künftig in seinem gepanzerten Keller allein und ungestört betrachten könne. Die Potsdamer Polizei bildete eine Sonderkommission und setzte eine

Belohnung aus, die hurtig auf 50.000 DM erhöht wurde. Man verfolgte Spuren, gab alberne Zwischenbescheide und stieß eines Tages auf das Gemälde. Wieder Schlagzeilen, Beifall für die Kriminalisten, schließlich das Gerichtsverfahren für die beiden Diebe, das mit milden Urteilen endete. Der eine erhielt drei Jahre Haft, der andere drei Jahre und drei Monate. Das Gemälde wurde in sicheren Verwahr gebracht. Der Vorhang könnte fallen.

Aber da ist noch die Frage, wer die Belohnung kassiert, und das ist eine fatale Frage, die in dem ohnehin krisengeschüttelten Brandenburg für Ärger sorgen könnte.

Die beiden Männer nämlich, die der Polizei die entscheidende Spur lieferten, waren, so flüstert man, ehemalige Offiziere des Ministeriums für Staatssicherheit der DDR. Der eine soll früher mit Kunstgegenständen gehandelt haben und es auch jetzt tun. Dem hatten die Diebe das Kunstwerk angeboten. Hätte jener Ex-Offizier wenigstens den Versuch unternommen, das Bild in den Handel zu bringen, vielleicht ein einziges Mal mit einem Mann telefoniert, den man der Mafia zurechnen könnte, oder einem Ganoven einen Wink gegeben. Aber er tat das alles nicht, sondern gab der Polizei den entscheidenden Tip.

Wer in den blühenden Ländern lebt, weiß, wie schnell man heutzutage einen Konkurrenten erledigen kann, wenn man durchblicken läßt, der hätte irgendwann mal mit der Stasi zu tun gehabt. Unlängst hatte das zum Beispiel ein Mitarbeiter des Brandenburger Landwirtschaftsministeriums praktiziert. Er hatte Herrn Gauck um einen „Forschungsauftrag" über Stasiaktivitäten gebeten und dann „enthüllt", daß einer, der heute noch im Amt sitzt, zu DDR-Zeiten im Kaminzimmer eines landtechnischen Instituts geheime Treffs arrangiert hatte.

Ausnahmsweise hatte der Denunziant sich so dumm angestellt, daß es nicht schwerfiel, seine Absichten zu enttarnen. Aber wie oft gelangen solche Vorhaben.

Und nun wird man zwei Ex-Stasi-Offizieren eine respektable Belohnung aushändigen müssen. In den Gerichtsberichten, die nach der Urteilsverkündung erschienen, war kaum die Rede von den beiden und wenn, dann nur sehr verschleiert. So etwa wie eine Friedrichsche Herbstlandschaft.

Man versteht die Not der Herren, die mit dem Fall befaßt sind. Wie gesagt: ein Kopfnicken gegenüber den Dieben hätte in der Atmosphäre der blühenden Länder genügt, um für einen Aufschrei zu sorgen. Ich sehe die Schlagzeile: „Stasi läßt Millionen-Bild stehlen!" oder auch: „Stasi-Seilschaft arrangiert Millionen-Kunstschmuggel." Das hätte ein wenig helfen können, die Atmosphäre, in der überall das Sparen gepredigt werden muß, zu entkrampfen. Überall fehlen Millionen! Wer hat sie? Die Stasi!

Und nun das Gegenteil! Die 50.000 DM müssen den beiden ausgehändigt werden. Ganz gleich, zu welchen Teilen. Die Vergangenheit der Männer kann nicht mehr drapiert werden, sie ist bekannt. Und die Frage wird auftauchen: Darf ein Ex-Stasioffizier von der Polizei der blühenden Länder eine Belohnung erhalten? Niemand darf im öffentlichen Dienst tätig sein, wenn er auch nur in einer MfS-Kantine Tassen gespült hat, und nun kassieren zwei Ex-Offiziere vor aller Öffentlichkeit eine fette Belohnung. Das einzig treffende Wort: Wahnsinn!

Die Frage, die man jetzt sicher hinter verriegelten Türen ventiliert, lautet: Ließe sich irgendwie ein Grund finden, die Belohnung nicht auszuzahlen? Ich fürchte, daß das unmöglich ist. Selbst wenn Biermann droht, er würde sich entleiben, das Geld muß ausgezahlt werden.

SCHICKSAL
EINES MASSENMÖRDERS

Weil wir gerade im Brandenburgischen weilen, wo Fontane einst die Schönheiten der Landschaft beschrieb und auch die wackeren Menschen, die dort leben: Im Lokalteil eines dortigen Lokalblatts las ich: „Gransees Bürger bemerkten empört, daß der Mann frei in der Stadt herumläuft." Gemeint war ein Massenmörder und man hat Mühe, sich vorzustellen, wie Fontane darauf reagiert hätte.

Es handelt sich um den ehemaligen SS-Obersturmführer Heinz Barth, der nach jahrelangen Ermittlungen der DDR-Behörden 1981 in Gransee gefaßt und 1983 zu lebenslanger Haft verurteilt worden war. Es war am Mittag des 10. Juni 1944. Der Zugführer der 3. Kompanie des I. Bataillons des SS-Panzergrenadierregiments 4 „Der Führer" fiel mit 150 SS-Leuten in das französische Dorf Oradour-sur-Glane ein und ließ die Bevölkerung zusammentreiben. 64 Kinder wurden direkt aus der Schule auf den Marktplatz geprügelt und dann erschossen. Mindestens 150 Bewohner waren in Garagen und Scheunen getrieben und dort erschossen worden. Die Leichen verbrannte man. 400 Frauen und Kinder sperrte man in die Kirche, verriegelte die Tore und sprengte sie in die Luft. Barth war nicht irgendeiner dieser 150 SS-Mörder, sondern der die 150 Befehligende. Er kontrollierte genau, ob der Befehl, die Bevölkerung von Oradour vollständig auszurotten, auch gewissenhaft erledigt worden war. Die noch stehenden Häuser ließ er dem Erdboden gleichmachen.

Beim Oradour-Prozeß 1953 in Bordeaux fiel sein Name, aber Barth schien spurlos verschwunden. 28 Jahre vergingen, ehe man ihn in der märkischen Kleinstadt Gransee fand, verhaftete und dann vor Gericht stellte. Das Urteil fand internationale Zustimmung und wurde vor allem in Frankreich begrüßt.

1995 geriet Barth wieder in die Schlagzeilen, weil er - nach jetzt geltendem Recht und Gesetz - im DDR-Nachfolgestaat 40.000 DM Kriegsbeschädigtenrente kassiert hatte. Der Proteststurm war so heftig, daß das zuständige Versorgungsamt die Zahlungen „aus moralischen Gründen" stornierte. Das von Barth daraufhin angerufene Gericht erklärte sich für nicht zuständig und überwies den Fall an das Potsdamer Sozialgericht. Nachfragen ergaben, daß angeblich noch keine Entscheidung gefällt worden sei.

Barth kann sich nun selbst um die Angelegenheit kümmern, denn am 10. Juli 1997 befand der 2. Strafsenat des Brandenburgischen Oberlandesgerichts, daß Barth auf Bewährung freizulassen sei. Bis Anfang September - also länger als sechs Wochen - erfuhr niemand davon, dann erschien die Mitteilung in jenem Lokalteil, möglicherweise ausgelöst durch die Empörung in Gransee. Die Zeitung (MAZ) meldete über die Freilassungsentscheidung: „Der Senat sei bei Würdigung der Gesamtumstände zu dem Ergebnis gekommen, daß angesichts des Alters und des Gesundheitszustandes ein fortwährendes Sühnebedürfnis nicht mehr bestehe. Gleichwohl habe der Senat keinen Zweifel daran gelassen, daß 'dem Verurteilten eine besonders schwere Schuld zur Last fällt.' Barth habe bei seinen Taten äußerste Grausamkeit an den Tag gelegt."

Das Blatt schloß seinen Beitrag mit den Worten: „Von Heinz Barth war bislang keine Stellungnahme zu bekommen."

Man fragt sich, zu welchem Thema man den Massenmörder eigentlich um eine Stellungnahme hatte bitten wollen. Eine Frau konnte dem Journalisten zumindest Auskunft über den Verbleib Barths geben: „Eine ängstliche Nachbarin murmelte: 'Der erholt sich auf seinem Wochenendgrundstück.'"

Die Vorsitzende der Lagergemeinschaft des Frauen-KZ Ravensbrück, die 81jährige Stuttgarterin Gertrud Müller, nannte die Tat einen „unerhörten Schlag ins Gesicht der Opfer".

Ein Paradebeispiel dafür, wie in den neuen Ländern mit der Vergangenheit vor der DDR umgegangen wird. Protesterklärungen vom Chef der Gauck-Behörde - immerhin hatte das MfS entscheidenden Anteil am Auffinden Barths - oder Bürgerrechtlern wie Jens Reich waren nirgendwo zu hören.

Die Freilassung des Massenmörders Barth ist unbestritten eine mehr als makabre Demonstration des „besseren Deutschland".

Er erholt sich jetzt irgendwo in den blühenden Ländern und man darf ziemlich sicher sein, daß man ihm demnächst auch seine vorübergehend stornierte Rente nachzahlen wird.

Und wenn Regierungssprecher Hauser in Bonn die PDS mit der NSDAP gleichstellt - was einige im Saal mißverstanden haben sollen, obwohl daran wirklich nichts mißzuverstehen ist - dann drängt sich angesichts dieses Falles unwillkürlich die Frage auf, wie nahe man in Bonn der NSDAP steht? Es ist nur eine Frage. Und ich habe sie nicht aufgeworfen.

BUSEN RUND UM DIE UHR

Bürger in den alten Bundesländern haben keine Vorstellung davon, wie es früher bei uns war. In den Zeitungen nur Reden. Man stand früh auf, kam gerade noch zum Rasieren, und wenn es gut ging, noch zu einer Tasse - dünnen - Kaffee und mußte sich dann daran machen, die tägliche Rede auswendig zu lernen. Kam man ins Werk oder ins Amt, mußte man dem Parteisekretär mindestens drei Absätze aus dem Gedächtnis vortragen können, ohne ins Stottern zu geraten. Sie wußten das noch nicht? Man stellt immer wieder fest, wie dürftig die Information über unser Leben war. Nun liegt das alles hinter uns und wir können nach Lust und Laune durch die bunten Blätter und die Fernsehkanäle surfen und solche Oscar-reifen Kunstwerke wie den „König von St. Pauli" sehen, in dem sich Hilmar Thate - ich sah ihn als Brechtschen Arturo Ui und erlebte entsetzt, wie tief ein großer Schauspieler hinabsteigen kann - an Klamottentext übt. Also: Man sollte denen, die da dauernd meckern, auch mal die Freiheit der Medien vor Augen halten, damit sie wissen, was wir gewonnen haben: Busen rund um die Uhr!

Eines der bunten Blätter widmet sich mit besonderer Intensität den Interessen der Leser in den blühenden Ländern. So dem alle Gemüter bewegenden Problem: „Wie glücklich sind die Ehen der Ost-Stars?" Diese Frage ist - wie man mühelos begreift - viel wichtiger als etwa die nach den Jobs, die den Ost-Stars offeriert werden. Ein in DDR-Zeiten berühmter Schauspieler - lange Jahre auch Star des Deutschen Theaters in Berlin - erzählte mir, daß er zuweilen Angebote erhält. Wenn er dann nach dem Drehbuch fragt, schenken sie ihm ein mitleidiges Lächeln. Was geht den Schauspieler das Drehbuch an? Er soll doch zufrieden sein, daß man ihm eine Rolle anbietet. Diese Ossis!

„Na und?" fragte ich ihn, „warum nimmst Du nicht jede Rolle?"

„Weil ich nicht über die Straße gehen und von jemandem gefragt werden will: 'Warum spielen sie uns denn heute solche Scheiße vor?'" (Wörtliches Zitat, das ich nicht mindern konnte.)

Allerdings hatte jenes Blatt unlängst auch eine Schlagzeile: „Jetzt kommt alles raus. Der unglaubliche Saustall bei der Treuhand." Ich gebe zu, daß mich diese Zeile lockte, die 1,70 DM zu bezahlen. Was ich da zu lesen bekam, erboste mich zur Weißglut. In Halle habe man Treuhand-Ganoven entdeckt und gefaßt, die jetzt angeklagt werden oder schon hinter Gittern sitzen. Zwischenzeile: „Der Privatisierungsdirektor kassierte Millionen Schmiergelder". Das alles trug sich vor fünf oder sechs Jahren zu, und damals wurde ein 424-Seiten-Buch „Treuhand intern" von Birgit Breuel zum Billigpreis auf den Buchmarkt geworfen, in dem man uns belehrte, daß die Frauen und Männer in der Treuhandzentrale kaum Zeit für ein Frühstück haben, weil sie rund um die Uhr beschäftigt waren, zu unserem Wohl die maroden DDR-Betriebe abzureißen oder im Stück zu verschleudern. Nie wurde die Liste all der Betriebe publiziert, die für eine Mark verkauft wurden, nie erfuhr die Öffentlichkeit, wieviel Fördergelder an Investoren verschenkt wurden, die damit ihre Konten füllten. Schneider? Die Affäre wäre ohne die Treuhand nicht denkbar gewesen! Vulkan? Die Affäre ging nur durch, weil in der Treuhand-Zentrale Kontrolle ein Fremdwort war. Und nun kommt eine Illustrierte des Weges und erzählt - wie der legendäre Wanderer - als Neuigkeit den Witz, daß die Treuhand ein „Saustall" war. Und damit diejenigen, die da verhökert wurden, ihren Job verloren und heute in den Fluren der Arbeitsämter herumsitzen, sich trösten können, verrät ihnen das Blatt auch noch, daß der frühere Fernsehstar Siegfried Uhlenbrock - seine Kinder-Sendung „Liederspielplatz" war ein Renner - auch keine Arbeit mehr hat, weil die Treuhand bekanntlich auch den Fernsehfunk der DDR verschrottete. Der Mann hatte allerdings Glück: seine Frau ist Zahnärztin, und nun assistiert er ihr. Ohne Gitarre und ohne Mikrofon. Aber wer hat schon eine Zahnärztin zur Frau?

Sagen muß ich allerdings auch, daß es in den Redaktionen und Sendern immer noch Journalisten gibt, die ihr Handwerk - sehr zum Unwillen der Obrigkeit - so betreiben, daß man zuweilen die Realitäten des real existierenden Kapitalismus zu sehen oder lesen bekommt. So produzierte der Rostocker Fernsehsender einen schockierenden Film über Menschen, die sich selbständig machten oder beschlossen, ein eigenes Haus zu bauen und nun Tag und Nacht grübeln, wie sie die Schuldenberge loswerden. Ich werde das Bild des Mannes in jenem Film lange nicht vergessen, der die Ostseeküste entlangschlendert, auf die Kamera zusteuert, sich einen Feldstein sucht, auf dem er Platz nimmt, und sagt: „Ich hatte es eben ernst genommen, was Kohl gesagt hatte, von Ärmel aufkrempeln und blühenden Ländern und so." Der Mann ist Koch und Küchenmeister von Beruf und wollte eine kleine Gaststätte am Strand eröffnen. Nun hat er 450.000 DM Schulden. Sein Gesicht verriet alles. Er erhob sich und verschwand im Abenddunst. Was für eine Rolle für Hilmar Thate wäre das gewesen! Behauptet wird, daß solche Themen niemanden interessieren. Eher schon der „König von St. Pauli".

Und weit und breit kein Hintze, der den Nebel wegbläst.

DIE BOMBENWERFER VON GÖRLITZ

Auch in Görlitz an der Neiße atmete man auf, als bald nach der Rückwende clevere Gesellen auf der Bildfläche erschienen, abreißen ließen, was das nächste Jahr nicht überstanden hätte, und die Sanierung mit - auf den ersten Blick - bewundernswertem Elan anpackten. Ärmel hoch, die Schecks hingeblättert und los ging's.

Einer von denen, die sich da Verdienste erwarben, ist - so wird erzählt - ein gewisser Thomas Birken. Man flüstert in Görlitz, er sei damals aus Lörrach gekommen, aber allzu Genaues weiß man nicht. Jedenfalls steckte er viel Geld - ob es seins war, weiß man auch nicht - in die Sache und kassierte mindestens dreimal soviel Fördergelder. Die alten Häuser, denen er zu neuem Glanz verhalf, ließ er nicht nutzlos herumstehen, sondern verkaufte sie an „Anleger" aus den alten Bundesländern und - wem erzähle ich das? - machte ziemlich viel Kohle damit. Allerdings machte er sich auch bald unbeliebt, weil er neben seinen Erfahrungen auch üble Markt-Gewohnheiten mitgebracht hatte. Er beglich die fälligen Rechnungen nicht, trieb Konkurrenz mit Dumpingofferten in die Flucht. Das Geld, das er nicht bezahlte, könnte er genutzt haben, um Anzahlungen für Billigstarbeitskräfte zu leisten, die er dann auf seinen Baustellen schuften ließ und auch zu bezahlen vergaß. Wem das eines Tages so mißfiel, daß er intensiv darüber nachzudenken begann, wie man Birken einen Hauch jener Manieren beibringen könnte, die früher im tristgrauen Görlitz zu den Tugenden zählten, weiß ich auch nicht. Niemand kann mir deshalb einen Vorwurf machen, denn nicht einmal die Görlitzer Polizei wußte es, und die war sogar verstärkt worden, um geheimnisvollen Anti-Birken-Rambo-Umtrieben beizukommen. Die Birken-Gegner - vielleicht sind es auch nur Leute, denen er zu viel Geld schuldet - agieren in wahrhaft extremer Weise: Sie lassen Sprengladungen hochgehen, wie sie die Pyrotechniker in Hollywood detonieren lassen, wenn eine Gang eine andere Gang auszulöschen gedenkt. Das klingt vielleicht alles ein wenig zu amüsant, denn es ist bitterer Ernst, der bislang glücklicherweise noch nicht zum blutigen Ernst wurde. Die dritte Explosion war am 30. Dezember 1997 registriert worden und veranlaßte die in der Nähe wohnende Christa Brauner, Journalisten zu gestehen: "Wir verfallen nicht in Panik, aber Sorgen machen wir uns schon."

Harald Wenske von der Kripo-Beratungsstelle Görlitz klopfte danach an viele Wohnungstüren und eröffnete den verschreckten Bürgern: "Wir können keinen Schutz rund um die Uhr bieten, aber wir können den Leuten sagen, wo sie besonders vorsichtig sein müssen." Einzelheiten verriet er nicht, aber es wäre denkbar, daß er empfiehlt, einen prüfenden Blick in die Bratröhre zu werfen, ehe man den Gasherd in Gang setzt. Wenn ich nicht wüßte, daß das stimmt, was ich hier schreibe, könnte ich auf die Idee kommen, einen der vielen renommierten aber arbeitslosen Filmregisseure aus den tristen Jahren anzurufen und ihm den heißen Tip zu geben, daß er in Görlitz jetzt einen Krimi drehen kann, ohne Kulissen aufbauen und Schauspieler engagieren zu müssen, dieweil Laien vor den Kameras nur ihren Alltag vorführen müssen, um gehörigen Schrecken zu verbreiten.

Ich jedenfalls überlege, ob ich nicht nach Görlitz ziehen soll. Dort könnte ich die vielen langweiligen, grauen Jahre und den entnervenden DDR-Alltag endlich vergessen.

EIN WENIG GRABSCHÄNDUNG

Ich habe Friedrich Wolf noch persönlich kennengelernt. Der Mann, der als Halbwüchsiger seine betuchte Familie verlassen und sich als Schiffsjunge auf Rheindampfern verdingt hatte, später Arzt wurde, erfolgreiche Dramen schrieb und ein KZ überlebte, war der erste Botschafter der DDR in Warschau. Man hatte ihn, der nach Befreiung und Heimkehr wieder als Schriftsteller tätig gewesen war, überredet, als Diplomat zu fungieren, weil man wußte, wie schwer die Aufgabe war, vier Jahre nach Kriegsende als Deutscher in Warschau zu wirken. Damals wurden von Menschen wie ihm die Fundamente der Versöhnung gelegt, über die heute so gern in Sonntagsreden geplappert wird. Die Polen hatten weder eine Botschaft in der Warschauer Trümmerwüste für ihn, noch eine Residenz. Er arbeitete und lebte in dem mühsam instandgesetzten Flügel eines zerstörten Hotels. Ich kam mit der ersten deutschen Sportmannschaft, die die Polen zur Friedensfahrt 1950 eingeladen hatten, in die polnische Hauptstadt und ahnte schon nach der ersten Etappe des Rennens, was von diesem Botschafter zu leisten war. Man hatte den Mechaniker der DDR-Mannschaft und sein Werkzeug zusammen mit der polnischen Mannschaft auf einen Lastwagen geladen. Der Pole sprach nur wenige Worte deutsch, aber er nutzte jede Ruine am Straßenrand, um seinem deutschen Kollegen nicht gerade freundlich zu sagen: „Faschisten, alles kaputt, Du Faschist!" An Ruinen war kein Mangel.

Am Abend bat der Mechaniker um eine Rückfahrkarte. Wir konsultierten in unserer Not den Botschafter. Der riet uns, alles zu tun, um ihn zum Bleiben zu bewegen. Seine Abreise könnte fatale Reaktionen auslösen. Wir redeten auf den Mechaniker ein und überzeugten ihn schließlich. Daß wir ihn am letzten Tag in Prag Stunden suchten und ihn schließlich in einer Kneipe beim Abschiedfeiern mit dem Polen fanden, sei nur am Rande erwähnt. Am Rande, weil es um Friedrich Wolf geht, um den Arzt, Dramatiker und Diplomaten, um den Kommunisten.

Das Haus in Lehnitz, in dem er seine letzten Jahre verbracht hatte, war seit Jahren ein kleines Museum. Jetzt ist heftiger Streit ausgebrochen, ob man es geöffnet lassen oder schließen soll. Begonnen hatte der Streit, weil es angeblich am Geld mangelte, aber dann eskalierte er zu widerlicher Grabschändung.

Irgendein CDU-Politiker namens Tschaut hatte für Schließung und Streichung der ABM-Stellen plädiert, weil Wolf sich nie vom Stalinismus distanziert hatte: „Man soll mir den Aufsatz zeigen..., in dem Wolf an Stalin zweifelt."

In der „Märkischen Allgemeinen Zeitung" sorgte eine ebenso ahnungslose wie bösartige Karin Saab für die nötige Ergänzung: „Ein weiteres Politikum: Friedrichs Wolfs Sohn Markus war über Jahrzehnte Spionagechef des Ministeriums für Staatssicherheit. Er gehört zu den Gründungsmitgliedern der 'Friedrich-Wolf-Gesellschaft e.V.'" Den Bildungsnotstand der Dame verrät auch der Satz: „In den Schulen der DDR galt Wolf als Lehrmeister aus altem Schrot und Korn. Von dem proletarisch-revolutionären Arzt stammt die Totschlagforderung 'Kunst ist Waffe'. Eine Devise, die er in Stücken wie 'Professor Mamlock' oder 'Cyankali' vorbildlich einlöste."

Der Artikel führte zu einer hitzigen Debatte, deren Niveau oft nicht mehr meßbar war. Peter Hintze von der Kommunalpolitischen Vereinigung der CDU Oberhavel erwies sich seines Namensvetters würdig: „Friedrich Wolf hat Zeit seines Lebens nicht nur den Faschismus, sondern auch die Demokratie der Weimarer Republik bis aufs Messer bekämpft."

Als nächstes heuerte die Zeitung eine „Germanistin" an, die entdeckte: Wolf war ein Stalinist. Schlagzeile: „Ein Denunziant war er nicht, aber linientreu".

Hilfe für Wolf kam aus dem Westen! Prof. Dr. Dr. Günter R. Broehl, ehemaliger erster Vorsitzender der Friedrich-Wolf-Gesellschaft e.V. aus Remscheid: „Hiermit erlaube ich mir, Ihnen meine Mißbilligung zu dem Bericht in Ihrer Zeitung mitzuteilen. Geradezu unerhört finde ich die Feststellung, Friedrich Wolf habe Zeit seines Lebens nicht nur den Faschismus, sondern auch die Weimarer Demokratie bis aufs Messer bekämpft. Es gehört schon ein überproportionales Maß an Dummheit, Ignoranz und historischer Unkenntnis dazu, eine solche Behauptung aufzustellen, um damit die humane Bedeutung Wolfs reduzieren zu wollen."

Auch der 1. Stellvertretende Vorsitzende der Gesellschaft, Roland R. Knapp, aus Wolfs Geburtsort Neuwied, ließ es an Deutlichkeit nicht mangeln: „Es ist eine Frechheit der Friedrich-Wolf-Gesellschaft, ihren Mitgliedern und Leitungsgremien sowie deren Tätigkeit auch nur ansatzweise zu unterstellen, sie stünden nicht 'im Einklang mit der freiheitlich demokratischen Grundordnung der Bundesrepublik Deutschland.' Ich weiß nicht, was Herr Hintze all die Jahre in der Zeit der DDR für die Demokratie geleistet hat. Mit einer 'Blockflöte' kann ich mich da getrost messen."

BAUT BRÜCKEN!

Einleitend bestätige ich, was man fast täglich als Beweis über den anhaltenden Aufschwung Ost erfährt: Die Regierung der Bundesrepublik Deutschland hat ein in seiner Großherzigkeit weltweit unübertroffenes Programm für neue Autobahnen, moderne Schienenwege, Tunnel und Brücken in den neuen Bundesländern in Gang gesetzt.

Endlich wird alles frisch betoniert, verbreitert und überbrückt. Auch die Autobahn A 4, die von Dresden nach Chemnitz führt. Dazu gehören mächtige Brücken im Bereich des Autobahndreiecks Nossen. Eines Tages stoppte dort die Polizei alle Autofahrer und bat um eine voraussichtlich längere Fahrpause. 360 Kilogramm Sprengstoff hatten Experten so angebracht, daß bei der Sprengung 900 Kubikmeter Beton, ohne jeglichen Schaden zu verursachen, an den Pfeilern und Widerlagern vorbei in die Tiefe des Tennichtbachs stürzten. Das gesprengte Brückenviadukt war 200 m lang.

Logisch, daß jeder vermutete, es handele sich um eine marode DDR-Autobahnbrücke. Es war jedoch eine eben erst gebaute und noch von keinem Auto befahrene. Das halten Sie für eine Übertreibung? Sie sollten keine Wette darauf eingehen, denn diese Brücke gehörte zu jenem großherzigen Projekt. Die Firma Deges, die auch die Bauaufträge für Autobahnen vergibt, hatte die Mitteldeutsche Bau AG in Halle für 14 Brückenbauten unter Vertrag genommen, und die wiederum hatte sich Subunternehmer gesucht, die dies und das für sie erledigen sollten. Zum Beispiel hatte man eine Firma engagiert, die den Beton mischte, aus dem die Brücke gegossen werden sollte. Schon als sie hart geworden war, konnte man mit bloßem Auge entdecken, daß beim Mischen des Betons Fehler unterlaufen sein mußten. Kurzum: Fortan grübelte man darüber, ob man die neue, aber schon marode Brücke sanieren oder wegsprengen sollte. Als man mit dem Grübeln am Ende war, wurde Sprengstoff bestellt. Damit hatte sich die Brücke über dem Tennichtbach einen Platz im legendären Guiness-Buch der Rekorde gesichert, denn bislang ist kein Fall bekanntgeworden, bei dem eine eben errichtete und noch nie benutzte Brücke in die Luft gesprengt wurde. Dieser bittere Rekord wird wohl auch im nächsten Jahrhundert nicht in Gefahr geraten.

Ein kluger Wanderer könnte des Weges kommen und besänftigend sagen: „Keine Aufregung, derlei kann passieren, menschliches Versagen oder ein bißchen Schlamperei." Man würde dem Wanderer nicht widersprechen, wäre nicht rund um den Tennichtbach, seit Jahr und Tag behauptet worden, die dort lebenden Menschen wüßten nicht, wie man die Ärmel aufkrempelt und ein Stück Arbeit anpackt, ganz zu schweigen davon, daß ihnen etwa selbst eingefallen wäre, wie man eine Betonbrücke baut. Und nur deshalb ist es vonnöten, der „Rekordbrücke" Aufmerksamkeit zu schenken. Der Schaden betrug eine runde Million. Eine Million jenes Geldes, von dem ständig geplappert wird, das man es den stinkfaulen Ossis aus reiner Nächstenliebe und Solidarität überweist.

Die Sprengung geschah einen Tag vor einem Freitag, der im Kalender als 13. stand. Am Abend, am nächsten Morgen, am Mittag und wieder am Abend surfte ich durch die Fernsehnachrichten, wollte wenigstens ein Bild dieser Brücke sehen. Nirgendwo ein Bild oder auch nur eine Silbe darüber. Es war so, als hätte ein Pfarrer das Hintze-Leitwort - „Unsere erste Aufgabe ist es, den Nebel zu lichten, den die Linke über das Land zu bringen versucht" - auf der Kanzel liegenlassen.

ACHTSPITZIG UNTER
DER SCHULTER ZU TRAGEN

Eine wichtige Botschaft aus den blühenden Ländern: Im Freistaat Sachsen wird ein neuer Orden verliehen! Es wird mir ewig ein Rätsel bleiben, wieso diese Tatsache nicht wenigstens in den sächsischen Zeitungen zu Schlagzeilen für die Titelseiten taugte, dieweil selbst der am politischen Geschehen Desinteressierteste nicht umhin könnte, zuzugeben, daß damit ein weiterer entscheidender Schritt zum Aufschwung zurückgelegt wurde.

Die Details: Ministerpräsident Biedenkopf hatte - so wurde mir versichert - lange an diesem Projekt gearbeitet, ehe er die Entscheidung bekanntgab, von nun an werde ein sächsischer Verdienstorden verliehen. In seiner Rede während des Festakts räumte er ein, es sei nicht auszuschließen, daß viele Bürger in den neuen Ländern eine gewisse Skepsis gegenüber solchen Auszeichnungen empfänden. Sie seien nämlich in der Vergangenheit zu oft mißbraucht worden. Er schwieg sich über Einzelheiten des Mißbrauchs leider aus, meinte aber offensichtlich die DDR und deren Orden. Wenn von Mißbrauch die Rede ist, ist immer die DDR gemeint.

Schwamm drüber, eine neue Zeit hat begonnen, neue Orden werden verliehen! Weitere Einzelheiten: Der Verdienstorden des Freistaats Sachsen ist von Männern am goldgefaßten weiß-hellgrün-grünen Band um den Hals zu tragen. Frauen haben ihn „unter der linken Schulter an einer Bandschleife" zur Schau zu stellen. Diese Formulierung ist allerdings mißverständlich, denn „unter der linken Schulter" könnte auch die Achselhöhle meinen. Deshalb wäre es präziser gewesen, schlicht „auf der linken Brustseite" zu schreiben, denn diese Position ist gemeint. Möglicherweise wollten die Autoren der Ordensvorschriften im Zusammenhang mit Frauen nicht den Begriff „Brust" verwenden, woraus man ersehen kann, wie anders alles geworden ist in den Ländern, in denen einst die sittenlose, aber ordensreiche DDR dahinkümmerte. Der neue Orden ist ein weiß-emailliertes achtspitziges Kreuz mit grünem Rand und goldener Fassung. Nun die entscheidende Regel: Nur 500 Sachsen dürfen ihn maximal tragen. Taucht eines Tages ein Kandidat auf, von dem alle erwarten, daß er umgehend mit dem Achtspitz dekoriert wird, muß er warten, bis einer der 500 stirbt. Auch die Frage, wer über die Vergabe entscheidet, konnte ich klären. Ganz allein der Ministerpräsident! Ob das für alle Zeiten so bleibt, konnte mir auf Rückfrage nicht bestätigt werden.

Die ersten fünf ausgezeichneten Sachsen sind zwei Frauen, die den Orden „unter der Schulter" tragen und drei Männer, die ihn, bei entsprechenden Gelegenheiten, am Band zeigen. Es handelt sich um eine verdienstvolle Professorin, die jüdische Traditionen in Leipzig erforscht hat. Dafür hätte sie in jeder Gesellschaft eine Auszeichnung verdient, aber in der Begründung für die Verleihung wurde das Entscheidende glücklicherweise klar formuliert. Sie habe bereits begonnen, sich mit diesem Thema zu befassen, als sie noch in der „antiisraelitisch eingestellten DDR" lebte. Was die Einstellung zu Israel mit jüdischen Traditionen in Leipzig zu tun hat, blieb offen. Klar war nur, daß sie den Orden für ihre wissenschaftlichen Verdienste im allgemeinen und ihren Widerstand gegen die DDR-Obrigkeit im besonderen erhalten hatte. Eine Dame aus Freiberg wurde geehrt, weil sie sich in der DDR um politisch Verfolgte gekümmert hat und - nebenbei? - „Informationen über Haftbedingungen gesammelt und nach Westdeutschland übermittelt" hatte. Auch in diesem Fall tauchten keine weiteren Fragen auf.

Der dritte im Bunde war der erste sächsische Umweltminister nach der Rückwende, der vierte ein Denkmalpfleger, von dem man sich zuraunte, daß er schon mit mehreren DDR-Orden ausgezeichnet worden war, und der fünfte hatte Sachsen Anfang der dreißiger Jahre verlassen, war in Australien zum Unternehmer mutiert und hatte jetzt seiner Heimatstadt einen beträchtlichen Batzen Geld spendiert.

Nur durch Zufall erfuhr ich, daß vorher schon zwei Herren ohne Zeremoniell ausgezeichnet worden waren: Ministerpräsident Kurt Biedenkopf und Landtagspräsident Iltgen (beide CDU). Iltgen erklärte das so: „Wir haben ihn kraft unseres Amtes bekommen, die anderen haben ihn sich verdient." Jeder kann sich da denken, was er mag.

Die Liste der Ausgezeichneten muß zu denken geben. Daß zum Beispiel Martina-Elvira Lotzmann nicht berücksichtigt worden war, ist noch zu begreifen. Die Leipzigerin war zwar 1993 als „Unternehmerin des Jahres" im Freistaat gefeiert worden, aber eine Woche vor der Ordensverleihung wurde bekannt, daß sie pleite ist. 103 Arbeitsplätze gingen verloren. Keine Chance für das achtspitzige Kreuz. Aber was ist mit den Frauen und Männern, die sich unbezahlt um Obdachlose kümmern? Oder in Jugendklubs versuchen, junge Menschen, die im Leben nicht mehr sonderlich viel Aufgaben entdekken können, für sinnvolle Freizeit zu begeistern?

Es kann dennoch kein Zweifel daran aufkommen, daß mit dieser Biedenkopfschen Schöpfung eine moralische Lücke geschlossen werden konnte. Denn: Orden brauchen die blühenden Länder! Vor allem anderen!

DIE BÖRSIANER
VON WITTENBERG

Schüler, hört die Signale! Sie kommen aus der Umgebung von Wittenberg, mitten in den blühenden Ländern. Nicht so weit entfernt von dem Platz, an dem Luther einst seine 95 Thesen an die Kirchentür genagelt hat, soll jetzt nicht die Kirche, sondern das Denken der Jugend reformiert werden. Es soll Schluß gemacht werden mit dem hochtrabenden Gerede über Ausbildung und Bildung, Ärmel sollen aufgekrempelt werden - wie's der Kanzler von Anfang fordern tat - und dann geht's an die Börse. Reiben Sie sich nur die Augen, halten Sie mich meinetwegen für einen unverbesserlichen Spinner, aber es ist die blanke Wahrheit. Bundesweit verteilen die Banken jetzt Geld an Schüler und ermuntern sie, damit an der Börse zu trainieren. In Gräfenhainichen bei Wittenberg beteiligten sich - neben anderen - Nicole Nette, Helena Hanus und Nadine Wartmann am Trainingslager zwischen DAX, CAC und Dow Jones.

So ging die Sache vor sich: Die Wittenberger Sparkasse gab dem charmanten Trio 100.000 DM. Nicht ganz so direkt, in Scheinen oder im Sparbuch, sondern mehr symbolisch. Hätte man nämlich ernstlich die Scheine hingeblättert, hätte passieren können, daß Nicole oder Helena oder Nadine auf die Idee gekommen wären, mit dem nächsten Zug nach Leipzig zu fahren, wo zwar auch keine Börse ist, wo man aber gut und zügig Geld ausgeben kann, und dort vielleicht einen Test gestartet hätten, wie Geld arbeitet, wenn es nicht an die Börse gelangt. Nein, diesem Risiko gingen die Banker aus dem Wege. Immerhin, sie kamen mit den 100.000 DM rüber, empfahlen den Mädchen dafür munter Aktien zu kaufen und versprachen ihnen, am Ende - erzielen sie Gewinn - einen Preis zu stiften, der - so mögen sie gehofft haben - vielleicht für ein flottes Halstuch reicht oder einen Besuch in der nächsten Milchbar.

Die drei besuchen die zehnte Klasse des Paul-Gerhardt-Gymnasiums in Gräfenhainichen und ehe ihnen die 100.000 DM „ausgezahlt" wurden, mußten sie sich noch einen Namen geben, sozusagen ein Team-Etikett. Sie grübelten nicht lange und nannten sich „Börsen-Mäuse". Danach ging's los. Sie studierten die Kurstabellen in den Zeitungen, hatten abends - ihre Eltern mögen nicht schlecht gestaunt haben - nur noch Augen für die letzten Börsen-Nachrichten. Dann „orderten" sie. Als erstes kauften sie SAP. Sie hatten noch nie von solcher Firma gehört, wußten nicht, daß das Unternehmen in der Software-Branche zu Hause ist, hatten aber ausgespürt, daß sein Kurs ständig stieg. Dann kauften sie BASF-Aktien, packten noch VW-Papiere dazu, kauften Mannesmann und schließlich auch noch Thyssen. Es war nicht aufzuklären, wer ihnen das empfohlen hatte. Thyssen war jedenfalls ein reines Verlustgeschäft. Als die Spielzeit um war, wies ihr Spaßkonto 109.413,90 DM aus. Der Gewinn von 9.413,90 DM trug ihnen den Sieg in der „Wittenberg-Wertung" ein. Die Mannschaft „Liquid Oil" wurde Zweiter. Bei der Siegerehrung bekamen die drei jungen Damen Kugelschreiber, Notizblöcke und Schlüsselanhänger als wertvolle Preise überreicht. Und demnächst dürfen sie auf Kosten der Bank nach Babelsberg fahren und dort in den Film-studios die Glamourwelt kennenlernen. Das Leben kann so schön sein!

Der Chronist ist verpflichtet, die volle Wahrheit preiszugeben. Nicole, Helena und Nadine sind im Vergleich zu den Jung-Börsianern der alten

Bundesländer bemitleidenswerte Anfänger. Im westfälischen Ahlen hat ein Trio die 100.000 DM in 210.370 DM verwandelt. Das nennt man „Kohle machen"! Die neuntausend Piepen der Mädchen aus Gräfenhainichen nehmen sich angesichts dieser Zahlen wie „peanuts" aus.

In dieser Summen-Differenz offenbart sich die ganze Misere, vor dem die Männer stehen, die die „blühenden Länder" schaffen wollten. Wie kann man zur Blüte der Wirtschaft gelangen, solange Nicole, Helena und Nadine sich mit solch lächerlichen Summen begnügen? Andererseits darf man ihnen keinen Vorwurf machen. Sie haben nicht einmal Eltern, die da guten Rat geben könnten. Die haben vermutlich blaue Pionierhalstücher getragen und mußten Marx büffeln. Und haben den nicht einmal sehr ernst genommen, sonst hätten sie ja einiges darüber erfahren, wie Kapital mit Kapital umgeht. Und wüßten, daß man nicht selber arbeitet - wo sollte man das auch rund um Wittenberg? -, sondern das Geld für sich arbeiten läßt.

Ob die Bank neben Kugelschreibern, Notizblöcken und Schlüsselanhängern den dreien einen Ausbildungsplatz reserviert, wurde nicht bekannt. Es ist aber auch so unwahrscheinlich, daß man auf die Frage verzichten kann. Auch den Tip gab man ihnen nicht, woher man eines Tages das Geld nehmen könnte, um richtig an der Börse zu spielen und sich zu Hause faule Tage zu machen. Aber das wird alles schon noch kommen. Es ist nicht so einfach, zügig die Werte des Lebens und vor allem seine Überlebenstricks zu vermitteln. Aber vielleicht erfahren die drei Mädchen mehr darüber, wenn sie in die Filmstudios nach Babelsberg fahren und dort das real existierende Leben unserer Zeit kennenlernen.

DIE ZWEITE HINRICHTUNG DES THOMAS MÜNTZER

Mein Rat mag absurd klingen, ist aber völlig ernst gemeint: Sollten Sie ein Lexikon in Ihrem Bücherschrank stehen haben, in dem den Namen Thomas Müntzer finden, werfen Sie es augenblicklich in den nächsterreichbaren Müllcontainer!

Natürlich hat jeder ein Recht darauf zu erfahren, was mich zu dieser ungewöhnlichen Empfehlung bewog. Als erstes wäre festzustellen, daß die Korrektur der Persönlichkeit Müntzers dem Bonner Innenminister Kanther zuzuschreiben ist. Das wäre eine böse Unterstellung? Ich rufe die in Dresden erscheinende „Sächsische Zeitung" in den Zeugenstand und bitte, deren Schlagzeile "Kanther kann kommen" zu den Akten zu nehmen. Kanther hatte sich nämlich geweigert, nach Frankenhausen zu kommen, wo seit langem ein stattliches Museum, gestaltet von dem Maler Werner Tübke, auch an Thomas Müntzer erinnert.

Tübke hatte in jahrelanger Arbeit mit unumstrittenen künstlerischen Mitteln an jene Bauernkriegs-Schlacht erinnert, die am 5. Mai 1525 in Frankenhausen getobt, mit einer Niederlage der Bauernheere und der Gefangennahme Müntzers geendet hatte. Müntzer wurde von den Söldnern der Fürsten grausam gefoltert und dann hingerichtet, Tausenden Bauern erging es ebenso. Die Schlacht wurde zum furchtbarsten Blutbad der Bauernkriege.

Daran sollte das Museum, für das die Bürger der DDR viel Geld ausgaben, erinnern. Tübkes Können als Künstler garantierte, daß es keine oberflächliche Agitpropschau wurde.

Als sich die DDR in die „blühenden Länder" verwandelte, empfahl man, das Museum wegzusprengen. Schluß mit der roten Gefühlsduselei! Man konnte sich in Frankenhausen immerhin auf Berlin berufen, wo man das Lenindenkmal vom Sockel gesägt hatte und die einzelnen Stücke in einem Wald weit vor den Toren der Hauptstadt vergrub. Im Vertrauen: Wenn auch sonst die Polizei nicht gerade übereifrig bei der Sicherung des Bürgereigentums ist - das vergrabene Denkmal wird regelmäßig inspiziert. Es heißt, man fürchte Lenins Wiederaufstellung.

Bei Tübkes Bauernkriegsdenkmal war es schwieriger. Mit ein paar Steinsägen war dem Panorama nicht beizukommen. Also grübelte man eine Weile. Die Lösung las sich in der „Sächsischen Zeitung" so: „Ganz einfach: Umbewertung und Umbenennung. Das Haus ist keine Gedenkstätte für den Bauernkrieg mehr. Es heißt 'Panorama Museum'. Das Bild ist keine Ehrung für den aufrührerischen Thomas Müntzer, sondern eine Sammlung kunstvoller Allegorien. Hier wird weniger ein Stück frühbürgerlicher Revolution gezeigt, sondern mehr ein Weltbild von zeitlos-universalem Anspruch, das 'Grundfragen menschlicher Existenz' berührt. So Direktor Gerd Lindner. Schon recht. Wenn's nicht drin wäre, könnte man es nicht herausholen. Werner Tübkes Gemälde war immer mehr als Schlachtenillustration, es ist eine Epochendarstellung. Liebe, Kampf und Tod, alles drin. Alltag und Apokalypse.

Und es spricht nicht gegen das Panorama, daß es sich interpretieren läßt, wie's gerade in den politischen Kram paßt: zeitbezogen oder zeitlos, ideologisch überfrachtet oder geistig ausgedünnt." Dies trifft wohl den Kern: geistig ausgedünnt. Damit ist allerdings nur die neue Deutung gemeint, die man auch geistlos nennen kann. Ob man durch Nachfragen von den Museumsführern erfährt, warum denn die Müntzerschen Haufen überhaupt mit

Dreschflegeln gegen die schwer gerüsteten Ritter in die Schlacht gezogen waren? Ob man Auskunft erhält, wie Müntzer endete?

Mit Müntzer erschöpft sich das Problem allerdings nicht. Es hat sich herumgesprochen, daß das Bild das größte Auftragswerk war, das in der DDR je vergeben worden war. Möglicherweise ist es sogar das Größte dieses Jahrhunderts, aber diese Frage spielt keine Rolle, obwohl Tübke nach wie vor versichert: "Die Arbeitsbedingungen waren in jeder Hinsicht optimal" und sogar in aller Öffentlichkeit bestätigt, daß ihm beim Entwurf und bei der Gestaltung niemand dazwischenredete. Künstlerische Freiheit? Auch darüber werden die Museumsführer natürlich schweigen. Man kann es allerdings drehen und wenden wie man will, das Panorama bleibt ein Beispiel dafür, daß die Kunst blühte, bevor die Länder zu blühen begannen. Sogar die „Sächsische Zeitung" bekannte Zweifel: "Allerdings muß man nun fragen, ob das Auftragswesen in der DDR wohl gar nicht so restriktiv-kleinkariert war, wie jetzt behauptet wird?" Karin Großmann antwortet tiefsinnig: Es "ist schon tiefsinnig mit der Wahrheit".

Nicht so sehr, wäre zu entgegnen. Was man der DDR kontinuierlich vorwirft, wurde nun in Frankenhausen auf spektakuläre Weise bundesdeutsch demonstriert: Verfälschung der Geschichte!

Kein ZK-Beschluß, keine kommandierende Parteileitung, nur voraueilender Gehorsam. Kanther nämlich, Innenminister und "Politbüromitglied" der CDU hatte sich angesagt, aber eben Zweifel bekundet, ob er sich da sehen lassen könne. Nun ist alles gerichtet : Kanther kann kommen.

Thomas Müntzer wurde ein zweites Mal hingerichtet...

TREFFEN IN WEIMAR

Ich kam durch Weimar und besuchte einen alten Freund, hierzulande das, was man einen bekannten Mann zu nennen pflegt. Wenn ich seinen Namen nicht nenne, hat das seine guten Gründe. Was er mir nämlich erzählte, war zwar kein staatlich geschütztes Geheimnis, aber er meinte, daß man heutzutage vorsichtig sein müsse, vorsichtiger als früher.

Wir tranken einen Schoppen Wein, und ich gab zu bedenken, daß dies eine gewaltige Behauptung sei, dieweil das Schweigen im „Unrechtsstaat" weit verbreitet war und - so liest man heute - jedes unbedachte Wort mit hohen Zuchthausstrafen geahndet wurde.

Dabei plauderten wir über ein höchst harmloses Thema, über den Besuch des französischen Staatspräsidenten Chirac in Weimar. Ein lieber Gast, so lautete die offizielle Version, aber die Weimaraner hatten ihre liebe Mühe zu verstehen, welch Aufgebot an Nicht-Weimaranern - verkleidet und uniformiert - unter dem Vorwand in die Stadt kommandiert worden war, den lieben Gast zu „schützen". Das Staunen der Bewohner der Klassikerstadt war so groß und zuweilen wohl auch so laut, daß die „Thüringer Allgemeine" sich veranlaßt sah, ihren Lesern einen behutsamen Stimmungsbericht zu liefern: „Zwölf Uhr mittags war für die Marktstände Feierabend, eine Stunde später zog eine Kehrmaschine auf dem Pflaster ihre Kreise, gefolgt von einer Delegation städtischer Hausmeister, die die Grasbüschel auszupften. 'So schlimm war das aber früher wirklich nicht', kommentierte ein älterer Zuschauer die neuen protokollarischen Regeln. Daß innerstädtisches Halteverbot und zahlreiche Straßensperren den Verkehr lahmlegten, war dagegen nicht so neu... Derweil verwandelte sich der Burgplatz in ein Heerlager. Feldjäger, Wachbataillon und Bundeswehrorchester überprüften gegenseitig Uniform und Haltung. Wieviel Beamte letztlich im Einsatz waren, wollte Steffi Cmelik von der Polizeidirektion Jena 'aus taktischen Gründen' nicht verraten, aber 'eine ganze Menge' sei es schon gewesen. Darunter in Jeans oder Anzug auch einige, die mit antrainierter Härte für 'Ruhe und Ordnung' sorgten,... Viel bekamen die Weimarer von der Bonner und Pariser Prominenz nicht zu sehen. Entweder versperrten breitschultrige Bodyguards oder bepackte Kameramänner die Sicht."

Ich hatte den klassischen Stätten schon den Rücken gekehrt und meine Reise fortgesetzt, als mich ein Anruf meines Freundes erreichte.

Ich dachte, er hätte eine dringliche Botschaft, aber es war nur ein knapper Satz, der mir einen Brief ankündigte. Als ich am übernächsten Tag den Brief öffnete, fiel ein Zettel heraus: „Da kannst Du lesen, wie vorsichtig man sein muß. Erinnerst Du Dich der Widerstandskämpfer, deren Transparent bei einer Berliner LL-Kundgebung beschlagnahmt worden war, was als Parademeldung über die Unterdrückung in der DDR um die Welt ging. Sie hatten das Luxemburg-Wort auf ein Tuch gepinselt: 'Freiheit ist immer die Freiheit der Andersdenkenden' oder so ähnlich. Heute darf man nicht mal mehr pfeifen..."

Ich hielt zwei Zeitungsausschnitte in der Hand. Auf dem einen las ich: „Staatsbesuch mit Folgen: Gegen einen 31jährigen Weimarer hat das Amtsgericht am Freitag in beschleunigtem Verfahren eine Geldstrafe von 12 Tagessätzen verhängt. Ihm wurde Widerstand gegen Vollstreckungsbeamte zur Last gelegt. Der Mann hatte beim Kohl-Besuch am vergangenen Donnerstag am Marktplatz ein Pfeifkonzert angestimmt und sich der Forderung der Polizeibeamten widersetzt, die Trillerpfeife herauszugeben. Daraufhin führten ihn die Männer in Zivil ab, er jedoch wehrte sich gegen die Festnahme. Das kostete ihn letztlich 480 Mark. Insgesamt waren während des Staatsbesuches sieben Leute vorübergehend festgenommen worden und laut Polizei binnen 24 Stunden wieder auf freien Fuß gesetzt worden. Gegen vier Verdächtige wurden Ermittlungsverfahren eingeleitet."

Über die Identität klärte mich eine andere Zeitung auf, die - wenn auch nur einspaltig - meldete: „Nach der Festnahme vom stellvertretenden Jugendhilfe-Ausschußvorsitzenden Michael Weber haben sich 14 Zeugen gemeldet. Sie alle würden vor Gericht bekunden, daß die gegen den 31jährigen vorgebrachten Beschuldigungen zum Teil falsch sind... Gegenüber der Zeitung erklärte Michael W., er habe weder die Hand gegen die zivilen Beamten erhoben, noch ihnen gedroht oder bei der Verhaftung Gegenwehr geleistet. Der Weimarer war, als er sich einem Trillerpfeif-Konzert anschloß, von drei Männern zu Boden geworfen worden. 'Mit den Worten >Leg Dich hin, Du Schwein!< wurde auf mich eingetreten. Selbst als ich vor Schmerzen nach Hilfe rief und sagte, ich würde ja freiwillig mitkommen, wurde ich weitergeschleift.... Vor Gericht sagten die Polizisten beispielsweise aus, sie hätten nicht von hinten ihren Arm um meinen Hals gelegt.' Die der Zeitung vorliegenden Fotos zeigen das hingegen eindeutig." Die Zeitung schloß: „Der Fall wird nun vermutlich noch einmal aufgerollt."

Nötig wäre es, auch um dem Vizevorsitzenden des Jugendhilfe-Ausschusses klarzumachen, daß er der Jugend helfen und nicht gegen Kohl trillern soll! Das muß ihm mal gesagt werden!

STEUERJÄGER

Zunächst die gute Nachricht: Nicht nur die Stadt Potsdam hat zusätzliche Ausbildungsplätze zu vergeben. Allerorten wird Nachwuchs in einem boomenden Gewerbe gesucht. „Boomen" trifft nicht mal den Kern, denn es ist sogar ein Beruf, der Arbeitsplätze für Jahrzehnte garantiert. Das läßt sich mühelos am Beispiel beweisen. Bislang waren 13 Mitarbeiter im Vollstreckungsbereich der Stadtkasse tätig, jetzt kommen drei hinzu. Das wäre - statistisch erfaßt - eine Steigerung der Arbeitsplätze um 23,1 Prozent. Und diese Zahl könnte leicht noch steigen. Denn: 1996 stapelten sich auf den Schreibtischen der Havelstadt über 63000 Vollstreckungsakten, die eine Summe von 15 Millionen DM ergaben. Die 13 Mitarbeiter schafften aber nur 14725 Schuldner auf- und deren Geld einzutreiben. Hinzu kommen noch 38276 Akten, die aus früheren Jahren stammen und - daran zweifelt niemand - täglich kommen neue hinzu. Die Bescheide sind vielfältig und reichen von nicht bezahlten Kindergartengebühren über ausgebliebene Hundesteuern bis zu Mietschuldnern.

Die etwas schlechtere Nachricht gilt der Tatsache, wie man auch sehr viel schneller zu 15 Millionen DM kommen könnte und nicht - im ganzen Land Brandenburg - hunderte Gerichtsvollzieher den Hundesteuerschuldnern hinterherhetzen müßte. Man brauchte vielleicht zehn oder zwölf gewissenhafte Frauen oder Männer, denen man einen Schreibtisch vor die Schalter rückt, an denen das Land seine Fördermittel auszahlt oder Kredite gewährt.

Warum? Ein Beispiel: Der Berliner Bauunternehmer Hempel (Name geringfügig geändert) bekam den Auftrag, in der Stadt Wittstock eine großzügige Wohnsiedlung zu errichten. Der Staat förderte das Vorhaben großzügig - genauer betrachtet der Steuerzahler, dessen Geld der Staat großzügig verteilt - und als Hempel gefragt wurde, wieviel denn der Bau kosten würde, antwortete er: „59 Millionen." Das gab er den Ministerialen sogar schriftlich. Er ahnte, daß man die Summe ein wenig kürzen würde und irrte sich nicht. 56 Millionen DM überwies man ihm.

Hätte sich nun eine der Frauen oder einer der Männer, die bislang nur als Fabelfiguren existieren, erhoben und zu Herrn Hempel gesagt: „Dann lassen wir uns doch mal die Sache ansehen", wäre man schnell dahintergekommen, daß die Wohnanlage in Wittstock höchstens 40 Millionen DM kostet und Herr Hempel nichts anderes im Sinn hatte, als seiner Bank einen überfälligen Kredit zurückzuzahlen. Da - wie schon erwähnt - ihn niemand kontrollierte, tilgte er den Kredit und hatte noch eine stattliche Summe übrig, die er für schlechtere Zeiten irgendwo versteckte. Daß er inzwischen in Untersuchungshaft sitzt, ändert am Sachverhalt nicht das geringste, denn das Geld ist weg, und kein Urteil wird daran etwas ändern.

Die nächste gute Nachricht: Jedes Jahr kürt die Landesregierung die „Unternehmer des Jahres". Das hat sie vermutlich den Sportjournalisten abgesehen, die regelmäßig die „Sportler des Jahres" wählen. Das sind in der Regel Weltmeister oder Olympiasieger oder ganz besonders schußstarke Fußballspieler. Einer der „Unternehmer des Jahres 1996" war der aus Westfalen ins märkische Land gewechselte Klaus Kosting (Name geringfügig geändert), einer jener Männer also, die uns Ossis auf die Sprünge helfen und zeigen sollten, wie man die „Ärmel hochkrempelt" (O-Ton Kohl) und die maroden Landschaften zum Blühen bringt. Der

Mann wollte in Oranienburg eine „Weiße Stadt" errichten, 1300 Wohnungen umfassend. 58 Millionen DM Fördergeld kassierte er dafür, aber inzwischen ist der Lorbeer des „Unternehmers 1996" verwelkt. Er ist pleite. Und den Firmen, deren Inhaber sicher waren, daß die Landesregierung keinen Ganoven als „Unternehmer des Jahres" auszeichnen würde, hilft auch keine Hundertschaft Gerichtsvollzieher mehr, die 26 Millionen DM einzutreiben, die der Kosting ihnen schuldet. Und deshalb wird sich die Mehrzahl von ihnen nach der Adresse des nächsten Konkursrichters erkundigen müssen. Hätte sich auch nur eine jener Frauen oder einer jener Männer, deren Einstellung wir empfehlen, vom Schreibtisch erhoben und wäre mit dem nächsten Zug in das Städtchen gefahren, aus dem Kosting gekommen war, hätten sie oder er schon in der ersten Kneipe erfahren können, daß der Kosting dort bereits pleite gegangen war.

Wer winkt da ab? Herr Hintze? Sein Standardwort predigend: „Unsere erste Aufgabe ist es, den Nebel zu lichten, den die Linke über das Land zu bringen versucht. Wir werden den Nebel wegblasen, und sie werden dasitzen, wie ihre Geisteshaltung sie schuf: ziemlich links und ziemlich dürftig!" Und mit roten Händen?

Vielleicht sollte er mal das Gebet des Lukas 18,11 wählen: „Ich danke dir Gott, daß ich nicht bin wie die anderen Leute."

Denn er ist sehr viel anders.

ENTDECKUNGEN EINER AMERIKANERIN

Wie erbärmlich das Leben in dem Unrechtsstaat DDR war, ist nun sieben Jahre lang ausgiebig beschrieben und in erschreckenden Bildern gemalt worden. Ich zitiere da mal einen Satz aus dem köstlichen Buch von Terenz Abt: „Herr Minister läßt grüßen". Der Autor hat rund hundert Briefe an bundesdeutsche Politiker geschrieben und von allen auch Antworten bekommen. Schockierend einfältige zum größten Teil. Abt hatte sich zum Beispiel den Spaß gemacht, Ingrid Biedenkopf in ihrer Eigenschaft als alleweil guten Rat gebender sächsischer Landesmutter die Querelen seiner Ehe zu beschreiben: „Solange wir in Lohn und Brot standen, war sie in Ordnung. Der DDR-Terror hielt uns zusammen. Wir freuten uns über die schrumpligen Äpfel, die es zu Weihnachten gab, und hörten unter der Bettdecke heimlich Westradio." DDR-Alltag...

Die Landesmutter stutzte nicht, sondern riet: „Vielleicht könnte auch helfen, wenn Sie Ihre Frau darauf aufmerksam machen, daß Sie die schwierige Zeit vor der Wende mit vereinten Kräften gemeistert haben und jetzt wohl auch die augenblicklichen Probleme zusammen bewältigen können."

Dieses Zitat soll nur illustrieren, daß das schwarzgraue DDR-Bild zementiert ist. Bis hin in die Staatskanzleien - dorthin war nämlich der Brief adressiert.

Nun fiel mir die Arbeit eines Ökonomen in die Hand, der den Mut aufbrachte, wenigstens einen Aspekt des DDR-Lebens etwas genauer unter die Lupe zu nehmen und dabei zu erstaunlichen Resultaten kam. Jörg Roesler hatte sich Problemen des „Brigadealltags in der DDR" zugewandt und war da auf Resultate einer vom Institut für Wirtschaftspsychologie in Dortmund durchgeführten und von Ingrid Stratemann schon 1992 formulierten Analyse gestoßen: „Jedenfalls ist nach diesen Resultaten ein negatives Vorurteil gegenüber Mitarbeitern aus den neuen Bundesländern in entscheidenden Punkten zu revidieren." Das war - konstatiert man Ende 1997 - ein in der Wüste verhallter Ruf.

Roesler studierte Brigadetagebücher und stellte fest: „Die Brigadebildung war in der Regel mit der Wahl eines Brigadiers aus den eigenen Reihen und der Ablösung des bisherigen Vorarbeiters verbunden und 'führte zu einem viel engeren Zusammenschluß der Arbeitskollegen.'"

Und weiter: „Der Historiker ist aus Mangel an schriftlichen Quellen über das Arbeitsklima in den Brigaden bisher gezwungen, sich auf die Ergebnisse von Befragungen, die in der ersten Hälfte der neunziger Jahre durchgeführt wurden, zu stützen. Natürlich hatten die befragten ehemaligen Brigademitglieder für sich bereits das neue Arbeitsregime, das sie inzwischen aus eigenem Erleben... kannten, analysiert und verglichen unmittelbar oder unwillkürlich beide miteinander. Durchgehend wird von den Befragten das Arbeitsklima in den Brigaden positiv eingeschätzt. Ein Satz im Aufruf der Brigade 'Mamai' vom Januar 1959 scheint bis zum Schluß die Beziehungen bestimmt zu haben: 'Sozialistisch leben wollen wir, indem sich die ganze Brigade für jeden einzelnen und jeder einzelne für die Brigade als Kollektiv verantwortlich fühlt.'

'Es war eine Zielstellung der Brigade', heißt es in einem von der amerikanischen Geisteswissenschaftlerin Parmalee aufgezeichneten Interview, 'daß die, die eben nicht so geschickt waren, daß man die mitgerissen hat und Geduld aufgebracht hat... Das ist heute gar nicht mehr, daß der eine für den anderen da ist... die Hilfestellung untereinander, das war einfach wirklich gut.' Die Kommunikation innerhalb der Brigade funktionierte offensichtlich ausgezeichnet. 'Ausgezeichnet war die ganze Atmosphäre im Kollektiv. Es kam manchmal zu Gehässigkeiten, aber es war immer die Parole, was man auf dem Herzen hat, hat man laut zu sagen und wenn die Fenster wackeln.'" Hier fand sich eine Fußnote zum Text: „Fast gleichlautende Äußerungen von Brigademitgliedern führt auch Rottenburg an." Und der hatte schon 1991 für die Zeitschrift für Soziologie das Verhältnis zwischen vertraglichen und nichtvertraglichen Beziehungen in einem volkseigenen Betrieb untersucht. Und an anderer Stelle wird vermerkt: „Die vom Institut für Arbeitswissenschaften in Dresden im Auftrage der 'Kommission zur Erforschung des sozialen und politischen Wandels in den neuen Bundesländern' im 2. Halbjahr 1992 durchgeführte Studie bestätigt die Interviews."

„Wenn es Spannungen unter den Kollektivmitgliedern gab, privat oder arbeitsmäßig, hat die Gemeinsamkeit während einer Veranstaltung nach der Arbeitszeit oder einer Wochenendfahrt auf das Klima positiv gewirkt. Parmalee hebt, 'diese weitgehende Verflechtung von Persönlichem und Beruflichem (im Westen unbekannt, um nicht zu sagen: aus guten Gründen suspekt)' in der Auswertung ihrer Interviews besonders hervor."

Das alles liest sich auf den ersten Blick wie pure rote Agitation, ist aber - wie durch die Quellen belegt - seriöse wissenschaftliche Erkenntnis.

Armer Peter Hintze. Wo hat die Dame aus dem Yankeeland die roten Hände her?

VERSCHENKEN SIE GOLDENE LÖFFEL!

Vor irgendwelchen Festtagen und besonders zu Weihnachten bekommt man jeden Tag stoßweise gute Ratschläge für günstige Einkäufe. Ich will nicht das abgelatschte Wort vom „Schnäppchen" bemühen, denn wer seinen Lieben eine Freude bereiten will, wird darauf verzichten, dies mit Billigware von einem Wühltisch zu tun. Was aber die Frage günstiger Einkäufe angeht, so haben wir in den blühenden Ländern in den letzten sieben Jahren unsere „Universitäten" besucht und absolviert. Früher marschierte man durch die Läden, um ein Geschenk zu finden, heute tut man's, um ein preiswertes Geschenk ausfindig zu machen. Der Zeitaufwand ist fast der gleiche, der Ärger ebenfalls, dieweil man Mühe hat, sich damit abzufinden, daß man ein scheinbar günstig erworbenes Geschenk im übernächsten Laden um 4,80 DM billiger entdeckt. Wir armen Bewohner der blühenden Länder glauben zwischendurch immer wieder mal an den EVP, was zu deutsch „Einzelverkaufspreis" oder so ähnlich hieß und verbindlich war. Zumindest zwischen Bergen und Schneeberg.

Ich wäre beinahe vom Thema abgekommen: Geschenke. Nicht, daß ich hier etwa besonders preisgünstige Empfehlungen geben wollte, der Stapel Kataloge, den jeder in seinem Briefkasten findet, reicht vermutlich aus. Aber ich habe einen geheimen Tip, einen, den man in der Regel nur unter der Hand weitererzählt oder sogar ganz für sich behält. Man sollte schon ans nächste Fest denken! Ständig finden jetzt Auktionen statt, und da findet man immer was und gerät nicht ins festliche Gedrängel. Zum Beispiel war da der „Moritzburger Fund." In der Umgebung von Moritzburg - unweit

Dresden gelegen - hatte man wertvolle Kunstwerke geborgen, die nach Kriegsende von königstreuen Sachsen vorsorglich vergraben worden waren. Als man sie nach der Rückwende unversehrt wieder hervorholte, war der Jubel verständlicherweise groß. Aber jeder Jubel verebbt, und eines Tages erschienen die Kunstwerke in einem Verkaufskatalog, den die sächsische Regierung in der Post fand. Der im Freistaat wieder agierende Enkel des letzten sächsischen Königs - man erinnert sich seines berühmt gewordenen Zitats, ausgesprochen, als ihn die Nachricht von den Novemberereignissen 1919 erreichte: „Derf'n die denn des?" -, Prinz Albert, und der oft mit ihm gemeinsam auftretende Emanuel Markgraf von Meißen ließen die Öffentlichkeit wissen, daß sie dringend Geld brauchten. Und weil die sächsische Regierung das königliche Angebot unbeantwortet gelassen hatte, war inzwischen eine Offerte an das berühmte Londoner Auktionshaus Sotheby gegangen, wo allen Ernstes am 3. Dezember die sächsischen Hofjuwelen versteigert werden sollten. Allerdings stutzten Fachleute, daß in London kein Katalog gedruckt worden war, und dann stellte sich heraus, daß der Wink mit dem Londoner Zaunpfahl mehr ein Schreckschuß gewesen war.

Das muß man verstehen. Seit sieben Jahren wollen Königsenkel und Markgraf wieder nach Sachsen zurückkehren, aber niemand macht Anstalten, die Heimkehr zu finanzieren. Einiges Geld könnte eingekommen sein, als man unlängst eine Sonderausstellung „Der Schatz der Wettiner" zeigte und 50.000 Besucher zusammenströmten. Aber das reicht natürlich nicht für die adligen Schatullen. Deshalb hatte man einiges von den Schätzen eben der Regierung angeboten, und die benahm sich regelrecht ungebührlich. Nach monatelangen Vorverhandlungen hatte man sich endlich für einen 7.

Oktober verabredet, aber zwei Tage vorher verschob das zuständige Ministerium den Termin auf den 29. Oktober. (Ich könnte mir vorstellen, daß ein „Ossi" im Ministerium - zum Beispiel der Pförtner - darauf aufmerksam gemacht hatte, daß der Gründungstag der DDR nicht gerade das beste Datum für eine solche Konferenz ist.) Aber das ist nur eine Hypothese, denn auch den Termin vom 29. ließ man platzen. Als der Meißner Markgraf um ein Gespräch mit dem Finanzminister ersuchte, ließ der wissen, daß er leider ausgebucht sei. Und das war der Tag, an dem königliche Hoheit und sein Markgraf die Welt mit der Botschaft überraschten: Jetzt verkaufen wir in London!

Das alles widerlegt überzeugend die von Nörglern immer wieder verbreitete Behauptung, im Osten werde nur Geld verschleudert. Im Osten wird hart verhandelt.

Ich vergaß zu erwähnen, daß bei einer Rückkehr der hohen Herrschaften natürlich auch deren Unterkunft gesichert sein müßte. Und da hatte die Regierung bereits Signale gesetzt: Schloß Wachwitz wäre ein angemessenes und vor allem zur Verfügung stehendes Domizil. Man schickte auch gleich ein Immobiliengutachten mit, um dem Königsenkel das Rechnen zu erleichtern. Das Schloß gegen den Schatz. Das würde sich rechnen.

Aber die Wettiner wollen um jeden Preis Geld sehen! Und deshalb mein Tip: Der Schatz kommt eines Tages auf den Markt, und ein goldener Löffel des sächsischen Königs wäre wirklich ein attraktives Weihnachtsgeschenk. Ein Zertifikat müßte allerdings dabei sein, denn so mancher in Sachsen weiß vielleicht gar nichts mehr von dem König und auch nichts von goldenen Löffeln.

OPTIMISMUS IST TRUMPF!

In Zittau steht ein Salzhaus, und das ist fast 500 Jahre alt. Acht Stockwerke hoch. Jetzt wird es endlich saniert. Eine runde halbe Millionen DM wird benötigt, und die Hälfte davon hat die Deutsche Stiftung Denkmalschutz spendiert. Ein stolzes Kapitel „blühende Länder" könnte man meinen, auch wenn aus dem Gebäude mit dem riesigen Dach schon lange kein Salz mehr in die Zittauer Näpfe gelangt. Der Böhmenkönig Otokar hatte den Zittauern 1389 erlaubt, selbst Salz zu sieden, und seitdem standen Salzhäuser in der Stadt. Erst kleinere, dann größere. Die Chroniken verraten nicht viel darüber, ob es je Streit um die Siedehäuser gab, aber jetzt, da das letzte schon längst nicht mehr in Betrieb ist, brach einer aus. Ein Investor war erschienen und will den jetzt zu sanierenden Bau so sinnvoll nutzen, wie man das in der freien Marktwirtschaft eben zu tun pflegt: Es muß sich rechnen. Die Stadtverordneten waren sich lange nicht einig über das Projekt, aber am Ende fiel die Entscheidung mit 13:12 Stimmen zugunsten des cleveren Rechners. Die Idee des Mannes ist so hinreißend, daß man sich wundern muß, woher da 12 Gegenstimmen kommen. Es könnte sich höchstens um unverbesserliche Geizhälse handeln, die dem rührigen Mann die beträchtlichen Fördermittel nicht gönnen, auf die er nun hoffen kann, denn ganz aus seiner Tasche will er die Attraktion auch nicht sieden.

Als erstes will der Investor für die Autofahrer sorgen, die das Salzhaus eines Tages besuchen wollen, und schon das sollte eigentlich jeder begrüßen. Die sitzen dann hinter ihren Lenkrädern und rollen durch einen gläsernen „Terminal" - englische Wörterbücher liefern viele Versionen für diesen Begriff, reichend von der „Endstation" bis zur „Endmoräne", doch dürfte hier wohl „Abfertigung" gemeint sein - ins Innere. Dort werden die Karossen fahrgastlos mit sanfter Computerhand in einem Riesenregal abgestellt. Die Damen und Herren bummeln dann schon durch die Boutiquen oder geben in einem der Cafés ihre Bestellungen auf.

Die Sache hat allerdings einen Haken, wenn auch einen völlig belanglosen: Wegen der Autoregale müßten einige Kreuzgewölbe „geöffnet" werden, wie es heißt. Ich habe nicht viel Ahnung von Kreuzgewölben, bin mir aber ziemlich sicher, daß sie verschwinden sollen, um Platz für die Autos zu machen. Wozu braucht man an der Schwelle des dritten Jahrtausends auch Kreuzgewölbe? Man darf ziemlich sicher sein, daß Böhmenkönig Otokar - lebte er noch - auch keine Einwände gehabt hätte.

Wie in so manchem Ort der blühenden Länder gibt es auch in Zittau einige Unverbesserliche, die am Alten und in diesem Fall an den völlig überflüssigen Kreuzgewölben hängen und einen Verein „Tradition und Zukunft Salzhaus e.V." gründeten. Sie berufen sich auf so alberne Argumente, wie die Tatsache, daß das Zittauer Salzhaus zu den sieben größten in Europa gehört, wollen statt Terminal und Autoregal Kunsthandwerkstätten und stilechte Gaststuben unter dem Dach des Siedehauses sehen, und zwar solche, die auch von Fußgängern besucht werden. Der engstirnige Verein hat zu einem Bürgerbegehren aufgerufen, und der Bürgermeister war - was man versteht - stinksauer. Denn er möchte - im Gegensatz zu seinen vielen Vorgängern seit König Otokar - das Salzhaus endlich loswerden. Und deshalb spricht er auch nicht gern darüber, daß es schon ein Auto-Parkhaus in der Stadt gibt und daß dieses selten wegen Überfüllung geschlossen werden muß, um es behutsam zu formulieren.

Auf die Idee, das Salzhaus abzureißen und damit Arbeitsplätze für Abrißarbeiter zu schaffen, ist in Zittau noch niemand gekommen. Da sollte man von den Rostockern lernen. Dort wurde das einst volkseigene Fleischkombinat Bramow von der Treuhand-Liegenschaftsgesellschaft zum Abriß frei gegeben und sogleich stolz verkündet, daß diese Entscheidung 44 Männern einen befristeten Arbeitsplatz garantiert. Bis 1994 hatte die Rostocker Fleischfabrik die Anlage genutzt, aber dann hatte jemand umweltschädigende Baustoffe entdeckt. Nun werden sämtliche Bauten - anno 1974 errichtet - bis hin zu den Fundamenten platt gemacht. Auch die betonierten Werksstraßen, die einst die einzelnen Hallen miteinander verbanden, wird man beseitigen. Und wenn dort wieder Heidekraut blüht - so verlautete die Treuhand-Gesellschaft - sei es leichter, das Gelände zu vermarkten.

In Bramow wird also demnächst auch kein Salz mehr benötigt, um etwa Fleisch einzupökeln, und auch deshalb liegt auf der Hand, daß man die Zittauer Kreuzgewölbe über den einstigen Siedestätten nie mehr brauchen wird. Denke ich mir mal so, denn alles, was in den blühenden Ländern geschieht, hat ja seinen sinnvollen Hintergrund. Die chaotische Planwirtschaft ist gescheitert, und dafür blüht endlich die sinnvolle Marktwirtschaft.

Man muß nur richtig optimistisch bleiben. Das empfiehlt man uns jeden Tag in den blühenden Ländern.

Versuchen Sie es doch auch mal!

MÜHLEN MAHLEN LANGSAM - ODER GAR NICHT

In Potsdam fand der Prozeß gegen den Polizeiobermeister Detlef S. statt. Der war in einer Januarnacht 1994 von einem Kollegen mit einem „Sonderangebot" konfrontiert worden: Eine russische Makarov-Pistole für nur 1000 DM. Daß kurz zuvor 30 dieser Pistolen aus der Polizei-Waffenkammer gestohlen worden waren, war Siegfried S. natürlich nicht verborgen geblieben, aber über die Offerte seines Kollegen verlor er gegenüber den ermittelnden Beamten keine Silbe. Es dauerte lange, bis man den Waffendieb erwischte, und als man den Prozeß gegen ihn eröffnen wollte, brach er aus der Haftanstalt aus und kam bei dem Fluchtversuch ums Leben. Blieb nur noch das Verfahren gegen den „Schweiger". Der sei aus der Polizei gefeuert worden, fahre jetzt für einen Wachdienst und sei - so argumentierte die Verteidigung - demzufolge hinreichend „bestraft". Die Richter dachten nicht lange darüber nach und empfanden ähnliches. Detlef wurde freigesprochen. Woraus man, rechtsstaatlich betrachtet, den Schluß ziehen kann, daß schon ein Entlassener, der in seinem neuen Job weniger Geld bekommt, juristisch betrachtet, „bestraft" ist. Vielleicht aber auch nur, wenn man Polizist war.

Noch nicht ganz geklärt ist diese Frage, wenn man das Amt eines Ministers bekleidete. Dem Justizminister von Mecklenburg-Vorpommern, Rudi Geil, wird die Duldung des Verkaufs von Waffen der Volkspolizei vorgeworfen - nicht etwa unter der Hand -, und neuerdings geriet er noch in Verdacht, mit dem Verfassungsschutz gedealt zu haben. Eine Dame dieser Behörde hatte den Bürgermeister des Seebads Göhren angerufen und ihm Order gegeben, künftig das Auftauchen von „Buntgescheckten,

Punks und Langhaarigen" in den Strandkörben zu melden. Die Behörde, die da nicht nur in Göhren anrief, untersteht dem Minister.

Doch wieder hinunter in die Niederungen von Alltagskriminalität. Die Mühlen der Justitia mahlen langsam, aber zuweilen füllt sich doch ein Tütchen Mehl. Und so kommt es, daß immer häufiger Prozesse gegen Angeklagte stattfinden, die die Jubeltage der „Wiedervereinigung" benutzten, um einen guten Schnitt zu machen. Ein Willi K. (Name geändert, weil bei solchen Ehrenmännern äußerste Diskretion gefordert wird), wohnhaft in Berlin-W, hatte an dem Tag, da die Trompeten klangen, eine Million Ostgeld in seiner Kasse und wußte, daß ihm die höchstens 1:3 umgetauscht werden würde. Fragen Sie mich nicht, woher er diese Summe hatte, der Richter fragte auch nicht. Der pfiffige Willi kalkulierte: Wäre das Geld im Besitz eines „Ossis", ließen sich leicht fast 200.000 DM Gewinn daraus „machen", denn der würde nicht 330.000 kassieren, sondern 500.000 DM, dieweil er auf die Quote von 1:2 Anspruch hatte. Also suchte sich Willi einen Partner für diesen Joint venture, fand ihn in Schwedt, kassierte sein Geld, klagte aber später, weil er gar kein Geld, sondern eine attraktive Immobilie dafür haben wollte, aber nicht bekommen hatte. Warum nicht? Die Richter interessierte es nicht. Sie stellten das Verfahren ein und wandten sich neuen zu. So war außer den Spesen für die Männer in den Talaren nichts gewesen. Das Geld, das da verschwand, bleibt verschwunden, und wenn jemand danach fragen sollte, wird es kurzerhand den maroden Umständen zugeschrieben, die in der DDR herrschten. Die bleibt nämlich schuldig bis in alle Ewigkeit - auch ohne Richterspruch.

Eine Übertreibung? Sollte etwa irgendwo einer von den Großen dieser Branche belangt werden? In der Tat. Es geht um die Affäre „Sachsenmilch", deren Details so verwickelt sind, daß wohl selbst die Staatsanwälte ihre liebe Mühe haben, Durchblick zu gewinnen. Aber Roland Ernst soll in die Affäre verwickelt sein und das läßt aufhorchen. Dieser Mann, der immer nur als „Roland-Ernst-Gruppe" vorgestellt wird, obwohl man noch nie erfahren hat, wer denn die anderen in dieser Gruppe sind, machte sich als Großkäufer bei der Treuhand einen Namen. Überall, wo es volkseigene Betriebe für eine DM zu kaufen gab, traf man ihn. Zum Beispiel, als die Südmilch-Manager die Sachsenmilch kauften und der staunenden Öffentlichkeit eröffneten, daß nun die modernste Molkerei der Welt in Leppersdorf (Blühende Länder - Süd) entstehen würde. Ehe Roland Ernst seine Maurer losschickte, wurde noch ein wenig gedealt. Roland Ernst, der angeblich wußte, daß die Bewohner der blühenden Länder keine Ahnung davon haben, wie man Kuhmilch in Trinkmilch verwandelt, kaufte von der Südmilch 13 Aktenordner, die solche „Geheimnisse" enthielten, und verkaufte sie an die Sachsenmilch. Er zahlte 37 Millionen DM und kassierte 38 Millionen DM, wofür jeder Mensch Verständnis haben wird, denn die Roland-Ernst-Gruppe muß schließlich auch leben. Daß die Sachsenmilch bald darauf in den Konkurs geriet und das Wunderwerk in Leppersdorf nie fertig wurde, führte dann dazu, daß die Juristen stutzig wurden und nun einen Prozeß in Gang brachten. Roland Ernst aber versicherte einem Journalisten: „Wir sind sehr gelasssen. Es gibt kein Scheingeschäft!" Wenn Roland Ernst gelassen bleibt, können wir es auch bleiben!

Vielleicht sollte es Herr Hintze nicht bleiben, denn da ist kaum „linker Nebel", eher rechter.

MUSS DIE HAVEL STINKEN?

Irgendwann unlängst saßen Denkmalpfleger im Schloß Glienicke beisammen und fabulierten über die Zukunft, obwohl die Angehörigen dieser Berufsbranche eigentlich mehr die Vergangenheit im Blick haben sollten. Aber die Damen und Herren aus Potsdamer Gefilden malten mit ihren Worten und Vorstellungen ein Bild über das Potsdam des Jahres 2010, und ein anwesender Journalist brachte es mit folgenden Worten zu Papier: „Teile der historischen Innenstadt sind eingestürzt. Wo einst üppige Bäume und Schilf an Uferzonen der Havel wogten und sich Feuchtwiesen erstreckten, befindet sich eine betonierte Uferbegrenzung mit Spundwänden und befestigtem Schrägufer. Kein Ort nirgends - nicht nur für Reiher, Libellen und andere tierische Mitbewohner. Auch für Investoren und Touristen ist Potsdam uninteressant geworden. Wer will schon ein Fenster mit Aussicht auf verödete Uferlandschaften?"

Vieles hatte noch viel ärger geklungen, aber in den blühenden Ländern sind die Journalisten gehalten, die bitteren Nachrichten nicht noch zu eskalieren. Wo wäre dann noch Platz für die „Blüten"?

Das Motiv für die Denkmalpfleger, ihre Horrorvision in trauter Runde zu malen, ist mit wenigen Sätzen erklärt. Im Rausch des „Beitritts" und der Kohl-Jubelreden sattelte die Bonner Binnenschifferlobby ein Springpferd und trieb es in die politische Arena. Eine Wasserautobahn sollte zwischen Hannover und Berlin betoniert werden. Was für die Bahnphantasten der Transrapid, das sollte für die Reeder in den Glaspalästen dieses Vorhaben werden. Man gab ihm die Nummer 17, trug es in die Listen des „Aufschwung Ost" ein und feierte es fortan als eines der Jahrhundert-Projekte. Die Motorschiffe, die seit Jahrzehnten Frachten über Mittellandkanal, Havel und Spree nach Berlin schipperten, sollen abgewrackt und durch moderne Schubriesen - 185 Meter lang und fast zwölf Meter breit - ersetzt werden. Die brauchen allerdings „Fahrbahnen" und deshalb soll die Havel begradigt und ausgebaggert werden, zügig und zukünftig. Zwar müßten von 53 Brücken 40 angehoben werden, zwar droht der Grundwasserspiegel durch das Ausbaggern um neun (!) Meter zu sinken, aber wer daran Anstoß nimmt, wurde als beschränkter Kleingeist in die Ecke gestellt.

Der Gartendirektor der Stiftung „Preußische Schlösser und Gärten", Michael Seiler, erinnerte im Schloß Glienicke daran, daß man in den Akten noch die Spuren der Folgen nachlesen kann, die durch den Havelausbau 1876 entstanden waren. Der Mann wußte also wovon er sprach, als er prophezeite, daß der Grundwasserspiegel durch das Projekt 17 so drastisch sinken würde, daß die Baumkolonien, Feuchtwiesen und die Krautflora auf einer Breite von 60 Metern absterben würde. Aber auch die Bauten am Havelufer sind bedroht: die Sacrower Heilandskirche, das berühmte Marmorpalais im Neuen Garten und schließlich die Potsdamer Innenstadt. Alle diese Bauten sind auf Pfähle gegründet und sinkendes Grundwasser würde diese Fundamente sehr schnell verrotten lassen. Stefan Gehlen, Referent für Baudenkmale in der Stiftung, bestätigte diese Gefahr und machte darauf aufmerksam, daß diese Gefahr schon jetzt wegen des niedrigen Grundwasserspiegels drohe.

Inzwischen hatten die Denkmalpfleger Verstärkung erhalten. Die stellvertretende Potsdamer Bürgermeisterin, Dr. Beate Hoffmann, gab andere Folgen dieses unüberlegten Projekts zu bedenken: Potsdam müßte bei sinkendem Grundwasserspiegel zwei Wasserwerke - Nedlitz und in der Leipziger Straße - schließen, was die Wasserversorgung der Stadt gefährdet. Allerdings packte die Bürgermeisterin bald darauf ihre Koffer und ließ Potsdam hinter sich zurück.

Gudrun Kock-Kleinert von der kommunalen Wasserbehörde machte darauf aufmerksam, daß die geplante Spundwand des Sacrower-Paretzer-Kanals die biologische Selbstreinigung des Flußwassers gefährdet. Das Wasser, das nach der Betonierung nicht mehr versickern könnte, würde das Grundwasserreservoir reduzieren, und zwar schlagartig von 68 auf 19 Prozent!

Hinzu kommt noch ein anderer Aspekt. Der geplante Havel-"Umbau" führt zu einer radikalen Veränderung der Strömungsverhältnisse. Die jetzt schon langsam fließende Havel würde sich in ein stehendes Gewässer verwandeln. Frau Kock-Kleinert: „Stehende Gewässer reichern sich mit Nährstoffen an und stinken." Auch neue Wasserwerke könnten das Problem nicht lösen, denn sie benötigten Grundwasservorräte, und daran fehlt es.

Auch der brandenburgische Umweltminister Platzeck begrüßte unlängst im Fernsehen jeden Protest gegen die Wasserautobahn und gab freudestrahlend bekannt, daß die bisherigen Widersprüche bereits zu Korrekturen an dem Projekt geführt haben. Korrekturen aber nützen so gut wie nichts. In Bonn verbreitet man weiter unsinnige Losungen wie der „Ausbau der Wasserwege schont die Umwelt". Niemand bestreitet, daß eine Reduzierung des Straßen-Güterverkehrs ein Gebot der Stunde ist, aber im Bundesverkehrsministerium vermag niemand ernsthaft zu begründen, warum - angesichts der Geldknappheit überhaupt nicht mehr zu begreifen - Millionen für die Betonierung der

Wasserwege und den Umbau von Brücken ausgegeben werden müssen, wenn schon jetzt feststeht, daß dadurch eine Verlagerung des Transports durch niemanden garantiert werden kann.

Das Deutsche Institut für Wirtschaftsforschung hat eine Studie erarbeitet, der zu entnehmen ist, daß die Binnenschiffahrt einen Kostendekkungsgrad von neun Prozent sichert, während die Bahn 92 Prozent garantiert. Mit vier Milliarden DM ist das Projekt 17 geplant, doch Fachleute sind sich völlig einig, daß mindestens das Doppelte dieser Summe am Ende zusammenkommen wird. Und der Nutzeffekt? Niemand vermag ihn ernsthaft zu berechnen, und nur jene Großreeder, die das Projekt in Gang brachten, erhoffen sich eine Steigerung ihrer Gewinne und vor allem die Ausschaltung der Konkurrenz jener kleineren Schiffe, die die Wasserwege östlich der Elbe heute noch nutzen.

In Brandenburg wird das Thema heftig diskutiert, und unlängst meldete sich auch ein Andreas Jani aus Oranienburg in der öffentlichen Debatte zu Wort und gab in einem Leserbrief zu bedenken: „An einem Institut für Schiffbau laufen Studien und Untersuchungen zu einem Frachtertyp mit geringem Tiefgang - ein Weg, die Flüsse so sein zu lassen, wie sie sind, und die Schiffe ihnen anzupassen. Die Idee, Flüsse den Schiffen anzupassen, entbehrt jeglicher Rationalität und Vernunft!"

Vernunft? Wo ist Vernunft gefragt, wenn Industriekapitäne - in diesem Fall ein absolut treffender Begriff - einzig ihre Bilanzen im Sinn haben und sich völlig desinteressiert zeigen, wenn nach der Natur gefragt wird, nach Grundwasser, ja nicht einmal die Zukunft einer Stadt wie Potsdam interessiert sie.

Im Ernstfall kann man solche Warnungen immer noch als „linken Nebel" deklarieren.

DER TRICK MIT DEM GELBEN HELM

Es hat sich natürlich längst in den neuen Ländern herumgesprochen, daß man in den alten immer wieder über die irren Summen mault, die vom Rhein an Elbe, Saale und Oder überwiesen werden und mit denen die dort lebenden Versager nichts anzufangen wissen.

Was ist wahr daran? Ist diese Frage je zu klären? Eine Möglichkeit wäre gewesen, nach Bonn zu fahren - nicht etwa zu fliegen, weil das sofort den Verdacht der Verschwendung erhärtet hätte - und den angeblich täglichen Milliarden-Überweisungen nachzuspüren. Das Fahrgeld wäre jedoch herausgeworfenes Geld gewesen, denn niemand hätte mir in Bonn die Wahrheit verraten, und um Beamte mit der für eine solche Auskunft nötigen Summe zu bestechen, fehlt es mir am Geld. Also spazierte ich durch den östlichen Teil Berlins und kreuzte mir auf einer Karte an, wo mit ziemlicher Sicherheit Geld aus dem Westen in bodenlosen Töpfen verschwand. Als ich um die zwanzig Kreuze beisammen hatte, reduzierte ich sie auf zehn, dann auf fünf und am Ende auf eins. Es handelte sich um einen großen Gebäudeblock im Zentrum, dessen Fassaden mit Gerüsten eingeschalt waren, die der Baustaub hatte weiß werden lassen. In den Höfen ratterten Maschinen, die frischen Beton mixten, und die Zahl der Menschen, die jeden Morgen an den Maschinen, auf den Gerüsten und im Innern des Hauses verschwanden, ließ darauf schließen, daß hier immense Summen verbraucht wurden. Die zugegebenermaßen etwas dümmlich gestellte Bitte an einen der in Scharen herumschlendernden Wachdienstmänner, ob ich meinen Freund Ede, der im sechsten Stock tätig sei, in einer dringenden Familienangelegenheit kurz sprechen könnte, wurde abschlägig beschieden.

Ich weiß nicht, ob sich Egon Erwin Kisch irgendwann verkleidet hat, um durch eine wichtige Tür zu kommen, aber ich beschaffte mir ohne große Mühe einen gelben Plastikhelm, band einen Schlips um, zog den Anzug an, den ich sonst nur bei Beerdigungen aus dem Schrank hole, und marschierte an den Wachdienstleuten vorüber geradenwegs in den Haupteingang des Gebäudes. Einer der Aufpasser hielt es sogar für angeraten, mich freundlich zu grüßen. Er hielt mich vielleicht für einen aus Bonn gekommenen Revisor.

Ich muß noch erwähnen, daß ich das Haus seit etwa 50 Jahren kenne. Ich verkehrte dort nicht täglich, aber ich kannte es eben. Zuweilen hatte ich dort dienstlich zu tun, und irgendwann hatte ich eine Freundin in gehobener Position, die in einem für viele Gelegenheiten günstigen Zimmer saß. Nach der Rückwende zog eine ungemein wichtige Behörde dort ein, mit der ich zuweilen zu tun hatte. Und damit bin ich beim Kern der Angelegenheit: Als diese Behörde vor acht Jahren dort einzog, flogen sämtliche Büromöbel auf den Hof, wo Müllunternehmen sie in riesigen Containern abfuhren. Die Wände wurden frisch getüncht, Türen erneuert und auch Fenster. Sie müssen wissen: Die Behörde, die einzog, war die unselige Treuhand, und die Behörde, in der ich einst eine Freundin hatte, war die unfähige Plankommission der maroden DDR gewesen. Es war schwer zu begreifen, warum nicht einer der Treuhand-Herren an dem Schreibtisch meiner Ex-Freundin Platz nehmen konnte, aber es war ohnehin kaum etwas zu begreifen. Die Treuhänder, eingesetzt, die DDR-Wirtschaft zu beseitigen, hatten vielleicht moralische Hemmungen dies von einem Plankommissions-Schreibtisch aus zu tun, aber man möge mir das Marktwirtschafts-Unternehmen zeigen, in dem man moralische Empfindungen der Mitarbeiter berücksichtigt. Kurzum: Von dem Geld, das beim Verramschen der DDR-Betriebe einkam, waren schon auf Pump ein Stapel Schreibtische gekauft worden und natürlich die dazugehörigen Stühle und die nötigen PC, damit das Verhökern auch zügig vonstatten gehen konnte. An diesen Kreditschreibtischen wurden dann die Deals getätigt, bei denen Millionenbetriebe für die symbolische Mark verhökert wurden.

Es kann niemanden entgangen sein, daß der Verkauf der von der Plankommission hoffnungslos marodisierten DDR-Betriebe mehr Schulden hinterließ, als die DDR je bei ihren Gläubigern gehabt hatte. Der Unterschied zwischen den Treuhand- und den DDR-Schulden: die Treuhand-Schulden bezahlten die Steuerzahler in allen Bundesländern. Man nannte das „Solidaritäts-Zuschlag" und gemeint war die Solidarität mit den nachweisbar kriminellen Treuhandmanagern.

Ich bummelte, von niemandem belästigt, durch die Flure dieses Hauses, das einst mal das Reichsluftfahrtministerium gewesen war und demnächst ein Bundesministerium, nämlich das für Finanzen, beherbergen soll. Und ich gewann Verständnis dafür, daß die aus Bonn anrückenden Beamten nicht an den Schreibtischen sitzen wollten, an denen die umstrittenen Treuhandhändler gesessen hatten, und deshalb sind inzwischen die Schreibtische alle wieder auf dem schon erprobten Weg in den Müllcontainern gelandet. Samt Stühlen, denn jeder wird Verständnis dafür aufbringen, daß man nicht auf Treuhandstühlen an Bundesministeriumstischen sitzen kann. Ich bummelte weiter durch die Flure und träumte davon, daß plötzlich ein Plankommissionsmitarbeiter aus einer Tür träte und mich fragte: „In acht Jahren der zweite komplette Umbau? Haben Sie das veranlaßt? Wer hat das genehmigt? Gibt es irgendeinen Beschluß?"

Und ich müßte ihm antworten: „Beschluß? Wer sollte heute etwas beschließen. Die Zeiten sind vorüber, und alle sind froh darüber. Heute muß niemand nachweisen, wieviel Geld er wofür ausgibt und wieviel Schrott er im Container abfahren läßt. Heute wird entschieden!"

Und es könnte sein, der Plankommissionsmitarbeiter blinzelt listig mit dem linken Auge und fragt mich: „Haben sie Günter Grass gesehen? Der hat doch unseren Nachmietern, der Treuhand, ein so herrliches Denkmal in seinem Buch 'Ein weites Feld' gesetzt."

Ich müßte ihm antworten: „Der ist als Wahlkämpfer unterwegs, auch für die, die die Treuhand-Manager frei herumlaufen lassen."

Bevor ich ging, entdeckte ich noch eine Ausstellung. Hier erfuhr ich, daß man das ganze Haus haargenau wieder so rekonstruiert, wie es einst aussah, als Göring hier residierte. Denkmalpflegergründe, hieß es. Für mich ein Trick: Die Rückkehr zu Göring erlaubt alles zu beseitigen, was an die DDR erinnert. Und darum geht es.

Als ich das Haus wieder verließ, wurde ich gefragt, ob mein Wagen vorfahren soll. Ich dankte, schleuderte den Helm in eine Ecke und ging in die nächste Kneipe, um meinen Ärger hinunterzuspülen. Den Staub hätte ich ertragen.

Nun weiß ich, wo das Geld bleibt, das der liebe Pfarrer Hintze für uns in Bonn sammelt.

Der liebe Bruder.

RECHT UND RECHT
UND WIEDER RECHT

Der sächsische Ministerpräsident, der sich gern und widerspruchslos „Landesvater" nennen läßt, behauptet, daß er Jugendjahre in der Nähe von Merseburg verbracht habe. Merseburg liegt in Sachsen-Anhalt, und als in Sachsen-Anhalt die Wahlen vor der Tür standen, reiste der sächsische Landesvater ins Anhaltinische und hielt dort vor überfülltem Saal einen Vortrag über die Unterschiede zwischen sozialer Marktwirtschaft und sozialistischer Planwirtschaft. Man darf annehmen, daß die Leute Biedenkopf mal hören oder auch nur sehen wollten, denn den Unterschied kennen alle, haben ihn schließlich am eigenen Leibe erlebt, und viele von ihnen haben als Arbeitslose jetzt soviel Zeit, daß sie jeden Tag jeden Vortrag anhören könnten - wenn kein Eintrittsgeld gefordert wird.

Eine These aus dem Vortrag: „Der Staat ist nicht allein die Regierung, alle gehören dazu." Die kannten die Zuhörer - in etwas abgewandelter Variation mit der Vokabel „mitregieren" - schon aus den Zeiten der Planwirtschaft. Und dann plädierte Biedenkopf dafür, daß man sich mehr um den „kleinen Mann" kümmern und ihn besser informieren sollte. Da sah man, was ein rechter Landesvater ist.

Und um deutlich zu machen, wie man sich im Sächsischen um den „kleinen Mann" kümmert, wäre ein bescheidenes Beispiel zum besten zu geben. Der Sender MDR (Mitteldeutscher Rundfunk) - in einschlägigen Kreisen kurz der „Schwarze" genannt -, hatte eine Sendung mit dem Titel „MDR hilft" ausgestrahlt, in der bedrängten Bürgern aus den blühenden Ländern nicht Gartentips, sondern juristische Ratschläge gegeben wurden, wie man sich Geldschneidern, Abzockern und anderen Ganoven erwehrt. Ich will vorsichtig sein und nur „vermuten", daß einigen von denen - solchen im guten Zwirn - das gründlich mißfiel. Kurzum, die Sendung sollte aus dem Programm verschwinden.

Und nun habe ich die Leserbriefe eines einzigen Tages in der „Sächsischen Zeitung" zu diesem Thema abgeschrieben:

Es ist eine Schande, daß eine Sendung, welche einem finanziell minderbemittelten Geschädigten aus der Klemme hilft, gerichtlich kaltgestellt werden soll bzw. dem Moderator ein Strafverfahren angedroht wird. Und dieses mit Hilfe eines Gesetzes aus dem Jahre 1935, wo die Medien, bedingt durch die Hitlerregierung, unter strengster Zensur standen. Es wäre also besser, die Rechtschreibereform abzusetzen und eine Rechtsreform auf die Tagesordnung zu stellen.

Siegfried P., 01705 Freital

Escher (Name des Moderators) hilft den kleinen Leuten, und dort liegt wahrscheinlich das Ei des Kuckucks im Nest. Es ist eine Sendung der Wahrheit. Wahrscheinlich gefällt manchen Herren nicht, wenn die Ostdeutschen aufgeklärt werden, sie vor Betrügereien gewarnt werden, wenn Beispiele über den Bildschirm laufen, die den Tatsachen entsprechen, wenn auf Mißstände der Behörden hingewiesen wird.

Heinz Z., 01936 Großnaundorf

In heutiger Zeit sind Rechtsstreitigkeiten sehr kompliziert, mit Sicherheit auch sehr teuer und vor allem, Recht haben und Recht bekommen, liegen auch weit auseinander. Die Gesetze sind sehr kompliziert, unverständlich, umständlich und vor allem total überaltert! Die Ellenbogengesellschaft tritt auch bei uns ihren Siegeszug an, da können wir uns nur "glücklich" schätzen. Wieviele werden jetzt zu „Raubrittern"! Da müssen Gesetze her, die das unterbinden und nicht noch fördern.

Reiner K., 02633 Göda

Es müßte noch viel mehr Journalisten und Medien geben, die zum Himmel schreiende Mißstände und fiese Gaunereien öffentlich an den Pranger stellen - ohne, daß die schon meist arg gebeutelten Opfer mit diktierter, honorarträchtiger und flexibel auslegbarer Rechtsstaatlichkeit doppelt bestraft werden.

Berndt M., 01855 Sebnitz

Man muß immer wieder fragen, wem das alles nützt. Als ehemaliger DDR-Bürger ist man in diesem "Rechts-Staat" aufgrund seiner andersartigen Erfahrung und Identität "Mensch dritter Klasse", und da kann es doch wohl nicht angehen, daß sich ein verantwortungsvoller Journalist mutig und kämpferisch mit seiner notwendig-aufklärenden und beratenden Sendung für die Probleme der kleinen Leute und der von diesem neo-liberal und mafiös-kapitalistischen System betrogenen "Ossis" einsetzt.

Klaus N., 01474 Schönfeld-Weißig

Soweit - wenn man so will - das Ergebnis einer Umfrage, die niemand in Auftrag gab und niemand bezahlen muß. Einer Umfrage aber unbestritten, die einigermaßen aufschlußreich ist und ahnen läßt, wie man in den blühenden Ländern über die „Ausläufer" des Themas denkt, das der Landesvater vor überfülltem Saal im Anhaltinischen erläuterte. Im Hinblick auf Wahlen.

DON PASQUALE IM ARBEITSAMT?

Neulich las ich in einer - aufgemerkt Herr Hintze - linken Zeitung - einen Witz, den ich für weitererzählenswert halte, auch wenn die Struktur nicht neu ist.

Jelzin, Clinton und Kohl sind zur Audienz beim lieben Gott geladen. Natürlich fragt Jelzin als erster. Wann denn wohl seine Reformen zum Erfolg führen würden. Gott meint, das könnte in 10 Jahren sein. Jelzin enttäuscht: „Da bin ich nicht mehr im Amt." Darauf Clinton: „Und meine Reformen?" Gott: „Vielleicht in 20 Jahren." Clinton resignierend. „Da bin ich auch nicht mehr im Amt."

Dann erkundigt sich Kohl, wann es mit dem von ihm prophezeiten blühenden Ländern wohl so weit wäre, und Gott meint: „Da bin ich nicht mehr im Amt..."

Das ist eine der vielen Gehässigkeiten, die Peter Hintze so beklagt, der „linke Nebel". Aber es gibt auch viele, denen gar nicht nach Witzen zumute ist.

Vielleicht Jochen Biganzoli, der im Kleist-Theater in Frankfurt/Oder die Oper „Don Pasquale" originell und mit Elan inszenierte. Befragt, was ihn dazu bewog, sich dieser Aufgabe mit solcher Hingabe zu widmen, antwortete er grinsend: „Lassen Sie mich einen Vergleich aus dem Sport wählen: Hier wird kein Profifußball mehr gespielt, aber wir tun so, als könnten wir noch deutscher Meister werden. Und dann wollen wir den Leuten, die die Entscheidung trafen, damit auch zeigen, was sie für eine Entscheidung getroffen haben."

Vergessen hatte ich zu erwähnen, daß sich das Kleist-Theater in der nächsten Spielzeit keine Sänger und Musiker mehr leisten kann. Die Musiksparte wurde gestrichen. Der „Don Pasquale" wird eine der letzten Opern sein, die man an der

Oder erleben kann. Im Grunde gibt es da nichts zu klagen, denn Kleist hat schließlich gar keine Opern geschrieben. Es war also - genau betrachtet - nur einer der vielen maßlosen lächerlichen Kraftakte des SED-Unrechtsstaates, in Frankfurt Opern aufführen zu lassen. Wenn man dabei auch einer Tradition folgte, die schon 120 Jahre währte. Nun wurde jedenfalls klar gemacht, daß nicht alles blühen kann. Nämlich!

Und damit keine Irrtümer aufkommen: Derlei gilt nicht nur für die Oder, sondern sogar für die Heldenstadt Leipzig. Dorthin hatte man 1990 die Choreographin Irina Pauls geholt, die am Schauspielhaus ein Tanztheater etablierte und 13 attraktive Inszenierungen auf die Bühne brachte. Die 13 erwies sich als unglückliche Zahl, denn nun wird die Tanztruppe aufgelöst, Irina Pauls wurde in Oldenburg engagiert. Man versteht: In der Provinz der alten Länder kann man sich solche Späße noch leisten. In Leipzig wird nicht mehr getanzt, und der zuständige Kulturdezernent hatte eine handfeste Begründung dafür: Leipzig hat keine Tanztheater-Tradition. Nur eine Demonstrations-Tradition. Ob die Choreographin für ihre letzte Inszenierung absichtlich einen zweideutigen Titel wählte? „Come quick danger" - das war der Notruf, mit dem die sinkende „Titanic" Hilfe suchte.

Noch ein Zitat von Irina Pauls: „Mich bedrückt, daß man sich nach wenigen Jahren der Offenheit im Osten unter dem Existenzdruck wieder zumacht." Solche Worte muß sie wohl wählen, wenn sie Protest vermitteln will. Die Frau weiß natürlich, daß es im „geschlossenen" Osten exzellente Tanztheateraufführungen gab, von denen man noch lange reden wird.

Vielleicht noch, wenn Gott schon nicht mehr im Amt ist...

INHALT: